SALVAR A escola NA ERA DIGITAL

Giovanni Reale

Salvar a escola na era digital

EDITORA
IDEIAS &
LETRAS

DIREÇÃO EDITORIAL:
Marlos Aurélio

CONSELHO EDITORIAL:
Avelino Grassi
Fábio E. R. Silva
Mauro Vilela
Márcio Fabri dos Anjos

TRADUÇÃO:
Ephraim Alves Ferreira

COPIDESQUE:
Thiago Figueiredo Tacconi

REVISÃO:
Leo Agapejev de Andrade

DIAGRAMAÇÃO:
Marcos Roberto Nicoli Jundurian

CAPA:
Bruno Olivoto

Título original: *Salvare la scuola nell'era digitale*
© Editrice La Scuola, 2013.
Via Antonio Gramsci, 26
Bescia (Itália)
ISBN: 978-88-3376-9

1ª impressão
Todos os direitos em língua portuguesa, para o Brasil,
reservados à Editora Ideias & Letras, 2015.

Rua Tanabi, 56 – Água Branca
Cep: 05002-010 – São Paulo/SP
(11) 3675-1319 (11) 3862-4831
Televendas: 0800 777 6004
vendas@ideiaseletras.com.br
www.ideiaseletras.com.br

**Dados Internacionais de Catalogação na Publicação (CIP)
(Câmara Brasileira do Livro, SP, Brasil)**

Salvar a escola na era digital / Giovanni Reale ;
[tradução Ephraim Alves Ferreira]. -- São Paulo :
Ideias & Letras, 2015.

Título original: *Salvare la scuola nell`era digitale*.

ISBN: 978-85-65893-96-1

1. Cultura 2. Educação 3. Tecnologia 4. Multimídia I. Título.

15-07258   CDD-371

Índice para Catálogo Sistemático:
1. Escolas : Educação   371

De duas coisas, uma: ou o livro continuará sendo o suporte da leitura ou haverá algo que se assemelhe àquilo que o livro jamais deixou de ser, mesmo antes da invenção da imprensa. As variações em torno do objeto-livro não lhe modificaram a função nem a sintaxe, e isso há mais de quinhentos anos. O livro é como a colher, o martelo, a roda, a tesoura. Uma vez que você os inventou, não pode fazer coisa melhor [...]. Talvez evolua nos seus componentes, talvez suas páginas não sejam mais de papel. Mas o livro vai continuar sendo o que é.

Umberto Eco

Sumário

Introdução 13

I. **Quando nasceu e se impôs a revolução da cultura escrita** 23

1. A comparação entre a revolução da informática e a invenção da arte da imprensa pode induzir a erro 23

2. Como aconteceu a revolução que deu origem à civilização da escrita e qual a cultura que a superou 24

3. A revolução informática não reforça, mas destrói a cultura escrita 25

II. **A revolução epocal das novas tecnologias da comunicação e da informática** 27

1. A revolução cultural de alcance epocal hoje em dia 27

2. As consequências que nascem dessa revolução 28

3. As descobertas das tecnologias deveriam ser utilizadas só e sempre na justa medida 30

4. A eliminação dos livros em favor dos instrumentos de comunicação multimídia não é sustentável 31

III. **Natureza e consequências da revolução tecnológica hoje em dia**... 33

1. As consequências da nova revolução cultural que alguns consideram dramáticas..................... 33
2. Uma previsão profética expressa pelo poeta T.S. Eliot 34
3. O ser humano corre o risco de tornar-se escravo das suas criações 35

IV. **Perigosas afirmações dos sacerdotes da informática e suas refutações**............................... 37

1. Exaltação das novas descobertas da informática que pecam pelo excesso 37
2. Uma concepção "integrista" da nova tecnologia expressa de modo paradigmático 38
3. Objeções bem fundamentadas a essas afirmações 40
4. Uma página memorável de Clifford Stoll 41

V. **Contração do significado e do valor da linguagem e preeminência dada ao "virtual" sobre o "real", produzidas pelos meios de comunicação multimídia, e suas consequências**.. 43

1. O ser humano aprenderia mais vendo a realidade produzida pelos computadores do que com a linguagem 43
2. Necessidade do resgate da linguagem e da escrita.. 45
3. A paradoxal importância que se dá ao "virtual".. 48

4. O excessivo uso do "virtual" faz perder o sentido do "real" 49

VI. **Juízos críticos incontestáveis sobre os novos meios de comunicação multimídia** 51

1. A questão dos meios de comunicação multimídia nas escolas 51
2. A correta posição que se deve assumir 52
3. A escola não pode reduzir-se a servir à informática 52
4. Nenhum computador é capaz de substituir um bom professor ou de melhorar um mau professor 53
5. As grandes dificuldades da mediação entre a cultura escrita e as consequências provocadas pela cultura tecnológica e da informática 53

VII. **Efeitos colaterais negativos produzidos pelas novas tecnologias e pela revolução informática..** 59

1. A revolução informática contrai o modo de pensar e de falar 59
2. Os novos meios tecnológicos informáticos contraem no "virtual" o modo de ver as coisas, deformando-lhes a realidade 60
3. Os novos meios de comunicação condicionam negativamente as relações interpessoais e o autoconhecimento 61
4. Os meios de comunicação multimídia contra em as capacidades da mente humana 62

5. Os novos meios tecnológicos de comunicação rebaixam o verdadeiro sentido do ensinar e do aprender 63

VIII. **Nas reformas da escola, devem ser tomadas com cautela as sugestões dos pedagogos, dos psicólogos e dos sociólogos**.............. 65

1. Por que as ideias dos pedagogos deverão ser tomadas de modo crítico e com cautela pelos ministros responsáveis pela educação pública   65

2. Os danos causados à escola por algumas das reformas anteriores, inspiradas por pedagogos   66

3. Danos que as escolas podem sofrer, causados por ideias de psicólogos, sociólogos e economistas 68

IX. **A informática não deve ser imposta de modo indiscriminado, por lei, sem salvar a cultura escrita** 71

1. Por que a substituição dos livros pelos instrumentos da informática não deve ser imposta por lei 71

2. O exemplo de um caso que aconteceu comigo   72

3. Os meios de comunicação informática deveriam ser continuamente renovados com gastos insustentáveis 73

4. Os instrumentos de comunicação multimídia não comunicam novos conteúdos culturais 74

X. **Como salvar a escola**.............. 77

1. Por que é difícil salvar a escola 77
  2. Sobre a situação da escola na França 78
  3. Sobre a situação da escola na Itália 79
  4. O grave mal que se deve curar na alma dos jovens e dos adultos de hoje 81

Conclusões 83
  1. O ser humano atual está mais do que nunca no fundo da caverna do mito platônico 83
  2. O ser humano de hoje se condena a ficar andando para lá e para cá na jaula do planeta ... 85
  3. Dos meios de comunicação multimídia só se tira aquilo que neles se insere 86

Introdução

Transformar o estudo em diversão é aviltar as duas coisas mais importantes que nós humanos podemos fazer: ensinar e aprender.
Um computador não pode substituir um bom mestre. Cinquenta minutos de aula não podem ser liofilizados em quinze minutos multimídia.

Clifford Stoll

Coevolução me parece a palavra-chave. Se Heidegger, Ellul e Weizenbaum descrevem os aspectos obscuros da tecnologia como extensão da parte brutalmente mecânica e voraz da natureza humana, talvez Andy Clark evidencie um modo complementar de observar as mesmas características. Talvez o compromisso entre perigo e oportunidade, que se fez necessário a partir da nossa natureza de inventores de instrumentos, não seja um jogo de soma zero, mas um ato de equilíbrio.

Howard Rheingold

Sobre a escola, tendo em vista as últimas determinações ministeriais que contraem drasticamente o uso do texto impresso em favor dos meios de comunicação multimídia, está se abatendo de fato um furacão, que pode provocar desastrosas consequências.

1) Em primeiro lugar, deve-se dizer que as diretrizes que se leem no *Diário Oficial*, a respeito de matéria tão delicada e complexa, formuladas de maneira não propositiva, e sim impositiva, são não só antiliberais e antidemocráticas, mas se situam em larga medida fora da realidade.

Com efeito, hoje está realmente ocorrendo uma verdadeira metamorfose das gerações, e justamente a escola está sofrendo as consequências que daí decorrem.

Para introduzir nas escolas de modo adequado e frutuoso o uso obrigatório dos meios de comunicação multimidiáticos, dever-se-ia respeitar regras precisas, tempos e modos bem estudados e articulados, que são o contrário das escolhas apressadas e peremptórias às quais se preferiu recorrer.

2) Seria imperioso, além disso, determinar em que medida existem os meios econômicos, à disposição do Estado e das famílias, para comprarem e manterem com eficiência os novos instrumentos que – como vamos ver – custam muito mais que os livros. De fato, esses meios exigem contínua manutenção e devem ser atualizados e substituídos com certa frequência.

3) De modo particular, dever-se-ia preparar o corpo docente não só para o uso dos instrumentos, mas também naquilo que se refere às consequências que esse uso provoca nos usuários, no âmbito social, psicológico, gnosiológico e cultural.

É necessário que os docentes se deem conta, de maneira adequada, dos perigos constituídos por aquilo que, com eficientes metáforas, recebe o nome de "híbrido tecno-humano" e "homem informático".

Tornando-se vítima da tecnologia, o ser humano corre o risco de perder e, talvez, comprometer certas características ontológicas e axiológicas que fazem parte da sua essência.

4) Importa resgatar aquela ideia de fundo que exprime a própria essência da escola. Essa ideia consiste na relação dinâmico-existencial entre docente e discente, ou seja, entre pessoa e pessoa. A verdadeira escola não comunica apenas métodos e conteúdo, mas oferece aos jovens elementos essenciais, em diversos níveis, para realizarem e desenvolverem o próprio ser-pessoa.

Por conseguinte, se o professor se transformasse em mero técnico, a escola acabaria perdendo o seu valor formativo de fundo.

Domenico Parisi, no livro que lançou em 2000, ao qual teremos de voltar mais vezes, escreve:

> *O computador [...] implica automação, ou seja, transferência de funções dos seres humanos – os professores – para as máquinas. Se hoje se deve investir na educação, é necessário investir, antes de tudo, na tecnologia, e esta é a razão que deveria orientar todo investimento: investir na tecnologia promete melhores resultados do que investir em qualquer outro aspecto da escola.*[1]

Mas justamente isso quer dizer tornar a tecnologia na realidade um verdadeiro déspota, um senhor quase absoluto da vida dos seres humanos e, por conseguinte, significa reduzir, em sentido niilista, a relação mestre-discípulo à dependência da técnica.

5) De modo particular, importa não transformar em "fins" coisas que não passam de simples "meios", mesmo que tenham grande e inegável alcance. Seja como for, devem desempenhar simplesmente a sua função de meios.

---

1 PARISI, D. *Scuol@it. Come il Computer Cambierà il Modo di Studiare dei Nostri Figli*. Milão: Mondadori, 2000, p. 234.

Não está correto afirmar, como o faz Parisi, que o computador

> *não pode ser visto só como instrumento prático que nos ajuda a fazer uma série de coisas, até muito diversas entre si, e que modifica, às vezes de modo radical, o modo como as fazemos [...]. O computador é portador de uma série de conteúdos e de significados intelectuais e culturais para descobrir a civilização e a cultura do século XX.*

Não é verdade, porém, afirmar que "o computador é produtor de racionalidade" e que "o advento do computador possibilita um novo modo de conhecer a realidade".[2] Com essas afirmações atribuem-se ao computador características que ele não possui.

6) Esta concepção exprime muito bem o erro que está na base das novas diretrizes, e consiste em uma particular visão que tem seu fundamento em um paradigma cultural fortemente "integrista", que aprisiona a realidade nas dimensões da tecnologia e da informática.

Paolo Di Stefano escreve justamente, em clara antítese com as ideias de Parisi:

> *Acredito ser péssima ideia, à qual se deve resistir na medida do possível, permitir a multitarefa na escola, mesmo não considerando de modo algum que a escola deva ser um antro impermeável às mudanças da sociedade. Mas se essas mudanças aniquilarem o sentido, o valor e os objetivos do ensino, além da boa educação, é melhor deixá-las de fora. Trata-se de um fundamentalismo digital*

---

2 *Ibid.*, pp. 24-25, 41, 49.

eufórico e histérico. No fundo, quando foi inventado o automóvel, ninguém cogitou de dar aulas dentro do veículo de quatro rodas contemplando o mundo pela janelinha.[3]

7) Como se sabe, os medicamentos em circulação vêm todos eles acompanhados por um folheto que ilustra os benefícios que se podem obter com o seu uso e, ao mesmo tempo, indicam-se quais podem ser os efeitos colaterais negativos que deles poderiam advir. O mesmo sistema se deveria usar para os novos instrumentos tecnológicos e informáticos que dia após dia vão sendo introduzidos.

A esse propósito, eis o que escreve Howard Rheingold:

> *As consequências cognitivas e sociais das tecnologias móveis e invasivas são amplamente desconhecidas, é alto o potencial para efeitos colaterais negativos e é praticamente certa a eventualidade de comportamentos emergentes absolutamente imprevistos.*[4]

Na realidade, os efeitos colaterais negativos produzidos pelos meios de comunicação multimídia já há algum tempo estão emergindo em primeiro plano, e neste livro vamos pôr em evidência os mais importantes, sem querer negar, com isso, as enormes vantagens que esses meios oferecem.

8) Em vez de assumir posições extremistas como aquelas dos "sacerdotes da informática", das quais são vítimas aqueles que propuseram as novas reformas da escola, e sem cair nas posições contrárias assumidas pelos detratores

---

3 STEFANO, P.Di. Io Parlo, Loro Navigano. Le Difficoltà di Insegnare ai Fondamentalisti Digitali. *Corriere della Sera*, 18 jan. 2013, p. 37.
4 RHEINGOLD, H. *Smart Mobs. Tecnologie Senza Fili, La Rivoluzione Sociale Prossima Ventura*. Milão: Raffaello Cortina, 2003, p. 326.

extremados, seria necessário deixar-se guiar pela antiga máxima da sabedoria dos gregos: "Nada em demasia", ou seja, a regra da "justa medida".

Negar o uso dos livros impressos vai contra essa regra áurea, abrindo o caminho para consequências danosas, de alcance inimaginável. Com efeito, vai acabar destruindo – como veremos – aquilo que a cultura escrita tem produzido ao longo de 2.500 anos, e ameaçando deixar os jovens de andarem às apalpadelas, no escuro, dado que os novos instrumentos tecnológicos não estão em condição de produzir novos conteúdos de caráter espiritual, e os jovens estão se tornando sempre mais incapazes de ler.

Nicholas Carr cita exemplos de alguns pesquisadores que confirmam o que estamos afirmando de modo irrefutável e em particular que os novos instrumentos informáticos provocam a perda da capacidade de concentração, e modificam a maneira de pensar. Eis – entre os muitos exemplos que ele cita – um dos mais significativos:

> *Bruce Friedman, que tem um blogue sobre o uso dos computadores em medicina, descreveu como a internet está alterando seus hábitos mentais. "Perdi agora quase completamente a capacidade de ler e de assimilar um artigo extenso tanto em papel impresso como na* web*". Friedman, patologista e professor na University of Michigan Medical School, aprofundou sua opinião durante uma conversa telefônica comigo. Seu pensamento – disse-me ele – assemelha-se agora ao* staccato *musical, que reflete o modo como ele passa por breves passagens de textos provenientes das fontes* online *mais desconexas. "Eu não seria mais capaz de ler* Guerra e Paz*", admitiu. "Perdi a capacidade de fazê-lo". Mesmo um* post *de mais de dois ou três*

parágrafos em um blogue é longo demais. Eu lhe dou apenas uma olhada rápida.[5]

Seria possível multiplicar os exemplos de pesquisadores que dizem a mesma coisa. Mas são justamente os jovens as vítimas mais indefesas desse estado de coisas.

Deve a escola, portanto, não apenas introduzir os novos instrumentos da informática em todos os níveis, mas deve também não permitir que se perca aquilo que o ser humano produziu com a cultura escrita em dois milênios e meio.

9) Joseph Weizenbaum destacava com razão que os computadores não emitem juízos, oferecem fórmulas e não princípios de sabedoria. Por isso, quanto mais dependentes nos tornarmos deles, tanto mais seremos incapazes de resolver aqueles problemas que requerem sabedoria e capacidade crítica.[6]

Carr, referindo-se a essas observações, tira as seguintes conclusões:

> *Ainda que não quiséssemos ouvir as palavras de Weizenbaum, deveríamos no mínimo levá-las em conta, prestar atenção ao que estamos perdendo. Muito triste seria se fôssemos obrigados a aceitar sem discutir a ideia segundo a qual os "elementos humanos" saíram de moda e se tornaram supérfluos, especialmente quando se trata de alimentar as mentes dos nossos filhos.*[7]

Clifford Stoll (que foi um dos fundadores da internet, mas um dos primeiros a indicar os efeitos negativos que ela

---

5 CARR, N. *Internet ci Rende Stupidi? Come la Rete sta Cambiando il Nostro Cervello*. Milão: Raffaello Cortina, 2011, p. 21.
6 WEIZENBAUM, J. *Il Potere del Computer e la Ragione Umana*. Turim: Edizioni Gruppo Abele, 1987.
7 CARR, N. *Internet ci Rende Stupidi?*, cit., p. 264.

pode produzir na escola), em seu livro revolucionário *A internet nos torna estúpidos?*, ao qual vamos muitas vezes fazer referência, escreve:

> *Essas máquinas para a instrução afastam os estudantes da leitura, da escrita, do estudo. Rebaixam as mentes vivazes dos jovens com provas de múltipla escolha que tomam o lugar do raciocínio, e assim o jogo da adivinhação invade o terreno da didática. Respostas rápidas e ação imediata tomam o lugar da reflexão e do pensamento crítico.*[8]

10) Quem está ocupado com a escola não deveria nunca esquecer duas ideias fundamentais da sabedoria antiga.

O imperador Marco Aurélio, um filósofo estoico, escrevia um pensamento dirigido a si mesmo para suas meditações: "De manhã, quando você não sentir vontade de se levantar, tenha em mente este pensamento: vou me levantar para cumprir meu dever de ser humano".[9]

Tome nota: ele não diz "eu me levanto para governar a coisa pública (*res publica*)", ou seja, para cumprir meu dever de imperador, mas algo mais profundo e verdadeiramente de mais alto alcance: "Vou me levantar para cumprir o meu dever de ser humano".

Eis o comentário de Pierre Hadot: "Marco Aurélio está falando a si mesmo, mas a gente tem a impressão que ele está falando a cada um de nós".[10]

---

8   STOLL, C. *Confessioni di un Eretico High-Tech*, posfácio de R. Simone. Milão: Garzanti, 2001, p. 18.
9   MARCO AURÉLIO. *Pensamentos*, vol. 1.
10 HADOT, P. *La Cittadella Interiore. Introduzione ai "Pensieri" di Marco Aurelio*. Milão: Vita e Pensiero, 1996, p. 286.

E, acima de qualquer outra coisa, a escola deveria ensinar aos jovens precisamente em que é que consiste esse dever de [ser um] ser humano.

A outra grande ideia fora expressa alguns séculos antes, pelo divino Platão. Chegando ao fim do diálogo *Fédon*, o filósofo confessa que considera os seus livros (que, na verdade, estão entre as maiores obras-primas da humanidade) um jogo, um exercício lúdico sublime, todavia sempre apenas um jogo, e que havia posto o seu maior empenho na sua escola, a Academia, em que escrevia as verdades não nos rolos de papiro, mas nas almas dos homens.

Futuramente ainda deveremos voltar a esse conceito, enquanto exprime em última instância o sentido do ensino, e aquele valor que a escola deve resgatar para ser deveras ela mesma, opondo-se a reformas apressadas, que se inspiram em um deletério paradigma digital "fundamentalista", que tem como alvo, sobretudo, abalar a opinião pública por razões políticas, muito mais que realizar os objetivos próprios do sistema formativo que constitui a sua essência.

QUANDO NASCEU E SE IMPÔS A REVOLUÇÃO DA CULTURA ESCRITA

> *Platão, que viveu bem no meio dessa revolução, prognosticou-a e veio a ser o seu profeta.*
>
> Eric A. Havelock

1. A comparação entre a revolução da informática e a invenção da arte da imprensa pode induzir a erro

Muitas vezes, e a partir de várias instâncias, houve quem visse uma conexão entre a revolução da informática e a invenção da "arte da imprensa", por Gutenberg, considerando esta última como a criação da "cultura escrita".

Mas isso não passa de um erro histórico-hermenêutico, pois a invenção da arte da imprensa *não constitui o nascimento da cultura escrita*, que ocorreu na Grécia nas últimas décadas do século V a.C. e, sobretudo, durante o quarto século antes da Era Comum. E isso justamente no arco de tempo da vida de Platão (427-347 a.C.), como demonstraram os cientistas que estudam a tecnologia da comunicação (Eric Havelock, particularmente na sua obra *Preface to Plato*, traduzida para o italiano com o título *Cultura oral e civilização escrita de Homero a Platão*).[11]

A invenção da arte da imprensa, portanto, não criou uma nova cultura, mas consolidou e reforçou aquela que já fora criada.

Nasce em 1455 e é, pois, anterior um século e meio à revolução científica, mas nasce da mesma *forma mentis*, e se coloca, então, na mesma atmosfera espiritual.

2. Como aconteceu a revolução que deu origem à civilização da escrita e qual a cultura que a superou

Até o século V a.c. havia predominado na Hélade a cultura da "oralidade poético-mimética".

A poesia era o único veículo importante de comunicação e de transmissão dos conhecimentos históricos, morais, políticos e mesmo tecnológicos.

Ela continha o saber formativo do homem na sua totalidade. Homem culto era aquele que sabia de cor versos de poetas (especialmente de Homero) no maior número possível.

E a poesia era comunicada, transmitida, conservada – portanto, reutilizada, mediante a memória. Dessa maneira, a única tecnologia de comunicação verbal, de conservação e de reutilização das mais diferentes mensagens era a do discurso em versos, impostado segundo apropriadas formas verbais e precisos módulos rítmicos facilmente memorizáveis.

Predominavam, por conseguinte, uma terminologia que expressava de maneira preeminente imagens e figurações, e uma sintaxe predominantemente paratática.

---

11 HAVELOCK, E. *Cultura Orale e Civiltà della Scrittura da Omero a Platone*. Roma-Bari: Laterza, 1973.

Mas justamente no âmbito dessa cultura é que vai surgir uma outra forma de oralidade, criada, sobretudo, pelos filósofos, e que atingiu o seu ponto culminante com Sócrates (como demonstrei em minhas obras dedicadas a *Platão* e *Sócrates*).[12]

Com o nascimento e a difusão da *oralidade dialética* viria se impor, como necessária, a escrita, com a consequente mudança da tecnologia da comunicação. As "imagens" iriam dar lugar aos "conceitos", enquanto a sintaxe "paratática" iria ser substituída pela "hipotática": agora se trata de formas que não podem mais ser expressas em versos, mas que são memorizáveis e, portanto, conserváveis e reutilizáveis só mediante a prosa, que exigia o suporte da escrita (nascida entre os séculos IX e VIII), com todas as inovações que essa implicava.

Portanto, a "cultura escrita" não aparece na Era Moderna com a invenção de Gutenberg, mas muito antes. A invenção da arte da imprensa – como dizíamos acima – reforça-a, desenvolve-a e a difunde para um círculo maior, mas não lhe muda a estrutura nem os fundamentos espirituais sobre os quais se alicerça.

3. A revolução informática não reforça, mas destrói a cultura escrita

Aquilo que ilustramos é precisamente um dado de fato historicamente incontestável, mas não bem aceito pela opinião comum.

Até autores de grande cultura sobrepõem o nascimento da "cultura escrita" à invenção da arte de imprimir, e julgam que, anteriormente, a oralidade é que predominava.

---

12 REALE, G. *Platone*. Milão: Rizzoli, 1998; Milão: BUR, 2004; *Id.*, *Socrate*. Milão: Rizzoli, 2000; Milão: BUR, 2001, com várias reimpressões.

Na realidade, não se pode absolutamente dizer que, até a invenção da imprensa, a cultura estava baseada substancialmente na comunicação oral.

Vamos dar apenas dois exemplos, todavia, particularmente significativos. A transmissão do imponente número de obras escritas do *Corpus Platonicum*, que produziu de fato uma verdadeira revolução espiritual de alcance epocal, e de uma boa parte do *Corpus Aristotelicum*, que não poderia acontecer senão mediante a escrita.

Concluindo: devemos afirmar que a invenção da arte da imprensa efetuou uma revolução *sociopolítica*, mediante a difusão dos livros em quantidade e em muitos níveis. Portanto, ela não *criou* a "cultura escrita", mas produziu a difusão dessa cultura, de modo extraordinário. A cultura europeia e a do Ocidente, com a invenção da arte da imprensa, no decorrer do tempo se impôs em um raio muito maior de modo sempre crescente. Por conseguinte, essa cultura se tornou e continuou sendo, até meados do século XX, uma "cultura fundamentada sobre a escrita" por excelência, em sentido global.

Comparar a invenção da imprensa com a revolução desencadeada pela informática pode impedir a compreensão da substância e das dimensões do problema que hoje tanto se debate: a primeira é um reforço de uma cultura já em prática, ou seja, a da escrita; a segunda se coloca, ao invés, em nítida antítese à cultura escrita, com todas as consequências que isso implica e inaugura uma nova era cultural, com uma série de problemas bastante complexos nos quais estamos nos debatendo.

II

A REVOLUÇÃO EPOCAL DAS NOVAS TECNOLOGIAS DA COMUNICAÇÃO E DA INFORMÁTICA

> *Estávamos indecisos entre
> a exultação e o medo
> diante da notícia de que o computador
> iria substituir a pena do poeta
> [...]. Junto comigo está findando uma era.*
>
> **Eugenio Montale**

1. A revolução cultural de alcance epocal hoje em dia

A cultura escrita, portanto, nasceu há 2.500 anos, alcançando uma vitória sobre a "oralidade".

Hoje, ao contrário, é justamente a própria escrita que está sendo derrotada por uma nova forma de cultura, com fundamento na imagem, na tecnologia dos computadores e um novo tipo de oralidade, muito diferente do antigo, e que pode muito bem ser chamado de "oralidade de massa", oralidade dos *mass media*. Nessa forma de oralidade, a "palavra" fica esvaziada de sua densidade ontológica e, por conseguinte, do seu verdadeiro sentido.

Trata-se de uma virada cultural de caráter verdadeiramente epocal, da qual nem todos ainda estão se dando conta de modo adequado.

Um dos primeiros a compreender o alcance dessa revolução foi o poeta Eugenio Montale, Prêmio Nobel, que assim se exprimia num poema intitulado *No ano dois mil*[13] (escrito já perto do fim da vida):

> *Estávamos indecisos entre*
> *júbilo e medo*
> *ao ouvir a notícia de que o computador*
> *iria substituir a pena do poeta.*
> *No caso pessoal, como não sei*
> *usá-lo, vou voltar às fichas,*
> *inspiradas nas recordações,*
> *para depois reuni-las ao acaso.*
> *E agora o que me importa*
> *se a veia se extingue*
> *comigo está terminando uma era.*

E terminou, de fato, uma "era cultural" e está nascendo uma nova.

2. As consequências que nascem dessa revolução

Mas quais são as consequências dessa revolução? Muitas vezes se esquece a verdade de uma antiga sentença, qual seja, de que todo "progresso material" pode provocar um retrocesso espiritual simétrico.

A esse propósito, eis o que escreve Edgar Morin:

> *O admirável progresso dos conhecimentos é acompanhado por um retrocesso do conhecimento em vista do domínio do pensamento setorial e parcial em detrimento de qualquer visão de conjunto.*[14]

---

13 MONTALE, E. *Sei Poesie Inedite*. Lugano: Fondazione Schlesinger, 1991.
14 MORIN, E.; NAÏR, S. *Una Política di Civiltà*. Trieste: Asterios Editore, 1999, p. 117.

Entre os muitos exemplos que se poderiam aduzir, para confirmar esse ponto, vou escolher um só, mas particularmente esclarecedor.

Edgar Morin, em um livro que escreveu em colaboração com Sami Naïr, para ilustrar o grande dilema em que vai se encontrar o ser humano quando tiver que decidir se determinadas produções da tecnologia provocam efeitos positivos superiores aos efeitos colaterais negativos, ou vice-versa, questiona o uso do automóvel e diz precisamente o seguinte:

> *O automóvel é a encruzilhada dos vícios e das virtudes da nossa civilização. Típico produto da indústria, da técnica, do capitalismo, ele oferece a toda pessoa uma autonomia no espaço, uma concha segura para dirigir de dentro, a embriaguez de uma formidável potência que um leve movimento do pé no acelerador pode liberar. Ele é, ao mesmo tempo, extremamente útil e lúdico e representa o verdadeiro brinquedo para adultos da nossa civilização, e ainda por cima a mais bela conquista técnica do individualismo. E ao mesmo tempo, sobretudo em situações urbanas, o excesso de tráfego suscita agressividade, engarrafamentos sempre mais frequentes, até a saturação, estresse permanente, e a emanação de gases poluentes que fazem mal à saúde dos cidadãos.*[15]

Como se pode constatar com impressionante frequência, em muitas cidades, por causa dos gases produzidos pelo excesso de uso dos automóveis, foi necessário recorrer, em vista da poluição do ar que supera em muito o nível normal, a medidas que impõem a redução do uso dos veículos

---

15 *Ibid.*, nota 3, p. 118.

motorizados e, em alguns casos, foi até necessário chegar a proibir o uso dos carros em determinados dias.

Vamos pensar, ainda, não só no caos produzido pelo tráfego que, nas grandes cidades, se tornou quase insuportável, mas também nos problemas que implicam as áreas de estacionamento dos automóveis, tantas vezes alinhados em fila dupla, que desfiguram as grandes cidades e tornam ali a vida quase insuportável.

É necessário, além disso, recordar que os mortos por acidentes de automóveis, sobretudo nos períodos de êxodo para as férias, são na verdade muitíssimos e alcançam cifras que se podem mesmo comparar e até serem superiores aos mortos em combates durante as guerras. Estima-se que em um ano morrem, em acidentes nas estradas, entre 3.500 a 4.000 pessoas, o equivalente à população de um país inteiro.

3. As descobertas das tecnologias deveriam ser utilizadas só e sempre na justa medida

Ainda Morin, no seu último livro intitulado *A via – para o futuro da humanidade*,[16] para refutar a ideia bastante difundida segundo a qual *o crescimento tecnológico é o motor do desenvolvimento* sem limites, traz à baila um pungente aforismo de Kenneth Boulding, que diz: "Todo aquele que acredita que o crescimento exponencial pode durar para sempre, em um mundo finito, ou é louco ou economista". E o comenta de modo eficiente nos termos seguintes.

Já se calculou que, se a China alcançasse uma média de três automóveis para cada quatro habitantes, como hoje acontece nos Estados Unidos, isso iria comportar um aumento do número de automóveis de tal monta que

---

[16] MORIN, E. *La Via. Per l'Avvenire dell'Umanità*. Milão: Raffaello Cortina, 2012.

as infraestruturas necessárias (redes de estradas, estacionamentos) iriam ocupar uma superfície aproximadamente igual à que se destina às plantações de arroz [...]. A ideia fixa do crescimento deveria ser substituída por um conjunto que comportasse diferentes crescimentos, diferentes decréscimos, diferentes estabilizações.[17]

Em vista disso, Morin formula dois eficazes paradoxos análogos ao de Boulding: "O desenvolvimento é uma viagem que contabiliza mais náufragos do que passageiros".[18] "A ideia geralmente aceita de desenvolvimento é cega para os prejuízos e degradações que o desenvolvimento acarreta. A ideia de desenvolvimento é uma ideia subdesenvolvida".[19] Naturalmente, há também quem fale de desenvolvimento *extra legem*, quer dizer: um desenvolvimento compreendido como coisa fora da lei, um fim em si mesmo, com um crescimento exponencial em que, lamentavelmente, alguns continuam acreditando e esperando.

4. A eliminação dos livros em favor dos instrumentos de comunicação multimídia não é sustentável

O desenvolvimento deveria encontrar um "adequado equilíbrio" e respeitar a regra da "sustentabilidade", vale dizer, da "justa medida", ou seja, "nada em demasia" e, por conseguinte, a capacidade de se impor *um limite*.

E a substituição dos livros pelos instrumentos de comunicação multimídia se insere naquela forma de desenvolvimento fora da lei, ao qual se deve pôr um justo limite.

---

17 *Ibid.*, p. 11.
18 *Ibid.*, p. 12.
19 *Ibid.*, p. 13.

Convém lembrar que, já em 1998, o porta-voz da Casa Branca, N. Gingrich, na grande feira norte-americana de tecnologia, dizia: "Vamos substituir por computadores os livros-texto. Espero que dentro de cinco anos já não haja mais um só livro-texto".

Coisas semelhantes também se fazem ouvir agora em diversas partes da Itália.

Além disso, como já informaram recentemente alguns jornais, em algumas escolas norte-americanas os estudantes foram proibidos de entrar na sala de aula com canetas ou lápis. E tudo isso é na verdade "demais": é uma falta de equilíbrio e da "justa medida", como dizia acima, que implica consequências de fato danosas.

NATUREZA E CONSEQUÊNCIAS DA REVOLUÇÃO TECNOLÓGICA HOJE EM DIA

> *Toda revolução política é um drama, mas a revolução técnica que se anuncia é, provavelmente, mais que um drama, uma tragédia do conhecimento, a confusão babélica dos saberes individuais e coletivos.*
>
> **Paul Virilio**

1. As consequências da nova revolução cultural que alguns consideram dramáticas

A natureza e as consequências provocadas pela revolução cultural, que hoje está acontecendo, são muito complexas e, por conseguinte, dão margem a avaliações contrapostas, conforme os pontos de vista dos quais se parte, muitas vezes unilaterais, todavia, mas em todo o caso bastante esclarecedores.

Vamos tomar como ponto de partida as interpretações negativas.

Paul Virilio se referiu a uma "bomba informática", que oferece vantagens em cima de vantagens e de grande eficácia em favor da comunicação imediata que, no entanto, apresenta, como contraindicação, um afastamento sistemático sempre maior do homem em relação ao sentido da verdade e do amor a ela.

O pesquisador escreve:

> Toda revolução política é um drama, mas a revolução técnica que se anuncia é, provavelmente, mais que um drama, uma tragédia do conhecimento, a confusão babélica dos saberes individuais e coletivos.[20]

2. Uma previsão profética expressa pelo poeta T.S. Eliot

Em estupendos versos – contidos nos *Coros de "La Rocca"*[21] – T.S. Eliot exprimia as mesmas ideias de maneira profética, e poeticamente não menos provocadora. Com a ciência e com a técnica ficamos conhecendo e dominando aquilo que é "móvel" e ignoramos o "imóvel"; vamos conhecendo a "linguagem" e não o "silêncio"; as "palavras" e não a "Palavra". A nossa forma de conhecimento nos leva à ignorância, e a ignorância nos aproxima sempre mais da morte, e não de Deus. Com o estilo de vida, do jeito como estamos vivendo, sem freios, estamos perdendo o sentido da vida.

E eis as suas palavras mais fortes.

Com a "ciência" estamos perdendo a antiga "sageza", e com a "informação", fim em si mesma, vamos acabar perdendo também a verdadeira "sabedoria". Vamos ler os dois versos mais proféticos: "Onde está a sageza que perdemos sabendo?

---

20 VIRILIO, P. *La Bomba Informatica*. Milão: Raffaello Cortina, 2000, p. 101.
21 ELIOT, T.S. Cori da "La Rocca". In: *Opere*, edição a cargo de R. Sanesi, Milão: Bompiani, 2001, pp. 1230-1231.

Onde está a sabedoria que perdemos na informação?". Se em vez de "informação" lemos "informática", obtemos um quadro perfeito do momento que estamos atravessando.

3. O ser humano corre o risco de tornar-se escravo das suas criações

Por que chegamos a esse ponto? Spengler já fazia as devidas ressalvas, também bastante proféticas, quando afirmava que tanto o operário como o industrial se tinham tornado "os escravos, não os senhores da máquina que agora começa a manifestar o seu secreto poder demoníaco".[22]

Aquilo que Spengler dizia, já faz quase um século, não apenas foi confirmado, mas se amplificou e multiplicou de modo impressionante: o ser humano, tomando como base a ciência e a técnica, absolutizadas e levadas às suas extremas consequências, tornou-se capaz de construir e dominar as coisas e por vezes até de maneira surpreendente. No entanto, não só não soube, ao mesmo tempo, crescer espiritualmente em igual proporção, mas até se tornou, em larga medida, escravo das próprias coisas que produziu, e se esqueceu espiritualmente de si mesmo.

Hoje o ser humano, no campo da cultura, corre o perigo de tornar-se efetivamente escravo dos instrumentos informáticos que criou.

Alphonse Karr dizia: "Bem vejo que o ser humano aperfeiçoa tudo que o cerca, mas não o vejo aperfeiçoar-se a si mesmo".[23]

---

22 SPENGLER, O. *Il Tramonto dell'Occidente*. Milão: Longanesi, 1957, nova edição 1981, p. 1393.
23 KARR, A. *Aforismi*. Roma: Newton Compton, 1993, p. 81.

E isso vale de modo particular e verdadeiramente dramático para aquilo que hoje está acontecendo, ou seja, quando se está colocando em crise a cultura escrita por obra das novas tecnologias da comunicação, com toda uma série de consequências complexas e muito preocupantes, das quais nos devemos tornar bem conscientes.

IV

PERIGOSAS AFIRMAÇÕES DOS SACERDOTES DA INFORMÁTICA E SUAS REFUTAÇÕES

*É um fato quase genético,
de que toda geração
há de ser mais digital
do que aquela que a precedeu.*

Nicholas Negroponte

*Continuo estupefato diante [...]
de certas absurdas predições
que criam excessos de expectativas
e no fim das contas uma perda de credibilidade*

Clifford Stoll

1. **Exaltação das novas descobertas da informática que pecam pelo excesso**

Passemos agora àqueles que exprimem avaliações diametralmente opostas àquelas de quem falamos no capítulo precedente.

De maneira paradigmática, Nicholas Negroponte – no seu volume *Ser digitais* – não hesita em afirmar o seguinte:

O meu otimismo tem sua origem sobretudo no fato de que o mundo digital acarreta uma

37

potencialização das capacidades humanas. A facilidade de acesso às informações, a mobilidade e a possibilidade de induzir mudanças, eis o que tornará o futuro tão diferente do presente [...]. À medida que as crianças puderem ter livremente acesso a recursos globais de informação, sem aquelas amarras que limitam os adultos, vão com certeza encontrar novos motivos de esperança e dignidade onde antes havia muito poucos.

E no que se refere à atualidade do mundo digital, ele diz precisamente o seguinte: "Ele está aqui, já agora. É um fato quase genético, de que toda geração há de ser mais digital do que aquela que a precedeu".[24]

2. Uma concepção "integrista" da nova tecnologia expressa de modo paradigmático

Essas teses, expressas de modo tão vigoroso por Negroponte, vão ser repetidas de modos análogos e com diversas nuances também por outros estudiosos como, na Itália, Francesco Antinucci[25] e Domenico Parisi.[26] Deve-se dizer, todavia, que passaram a ser também convicções de modo geral compartilhadas nos mais diversos níveis, repetidas também pelas revistas e pelos jornais de muitas maneiras.

Sobretudo Parisi exprime de maneira paradigmática a concepção de caráter "integrista" e "fundamentalista" daqueles que Stoll identifica como os "sacerdotes da informática".

O livro de Parisi nos agrada de maneira particular, pelo fato de que nos ajudou a compreender alguns pontos

---

24 NEGROPONTE, N. *Essere Digitali*. Milão: Sperling & Kupfer, 2004, p. 241.
25 ANTINUCCI, F. *Computer per un Figlio*. Roma-Bari: Laterza, 1999.
26 PARISI, D. *Scuol@.it*, cit.

fundamentais do problema que estamos discutindo, na medida em que – como tivemos diversas vezes ocasião de dizer – estamos profundamente convencidos da sentença de Bacon: "A verdade emerge mais facilmente do erro do que da confusão". E o erro vem expresso por Parisi de uma forma quase perfeita, ao passo que muitos outros livros dos "sacerdotes da informática" são, não poucas vezes, "confusos".

O computador, segundo Parisi, seria criador de racionalidade, de conteúdos e de significados intelectuais e culturais. Noutras palavras, seria um novo e eficiente instrumento cognoscitivo da realidade em todos os seus aspectos.

Vamos ler duas passagens particularmente eloquentes.

> *O computador [...] exerce um impacto sobre a nossa vida privada, como também sobre a vida social e profissional, que vai muito além do seu uso para produzir as simulações. O impacto se dá sobre a nossa mente, ou seja, sobre as nossas capacidades e modalidades de perceber a realidade, de conservar as lembranças de nossa experiência, de compreender por que as coisas são o que são e funcionam como funcionam, de pensar e criar, de comunicação e de interação com os outros.*[27]
>
> *A internet é a possibilidade de comunicação imediata com qualquer pessoa, com aquilo que está sendo produzido por qualquer pessoa, com o conhecimento acumulado desde sempre pelos seres humanos.*[28]

Três seriam as grandes novidades introduzidas pelo computador.

---

27 Ibid., p. 53.
28 Ibid., p. 56.

> A primeira é que se trata de um ambiente dinâmico, no sentido de que se modifica e vai crescendo a todo momento [...]. Esse crescimento e essa modificação constante, e o fato de tal crescimento não ser governado ou programado por ninguém, motivam a ver a internet como uma entidade viva, algo de muito diferente da concepção centralizada e racional do computador programado por alguém.
> Eis a segunda novidade: a internet significa interação com outras pessoas e criação de comunidades virtuais de cujo interior já estão emergindo, e vão sempre mais emergir novas formas de sociabilidade.
> A terceira novidade da internet é o impulso que ela pode dar, ou melhor, já está dando, à globalização, isto é, ao fato de pertencer a uma única comunidade humana e de se dar conta de pertencer a ela.[29]

As ideias de fundo de Parisi, portanto, são as seguintes: o fato de "ver" computadores nas salas de aula é superior à palavra, e o "virtual" criado pelos computadores possibilita conhecer melhor as coisas; o computador oferece vantagens não só no plano gnosiológico, como também no plano social, facilitando as relações entre os seres humanos e criando novas formas de sociabilidade.

Mas a respeito dessas ideias teremos de voltar a falar amplamente.

3. Objeções bem fundamentadas a essas afirmações

Por outro lado, Clifford Stoll, como já se recordou, um dos fundadores da internet, em seu famoso livro,[30] mesmo

---
29 Ibid., p. 57.
30 STOLL, C. *Confessioni di un Eretico High-tech*, cit., p. 6.

admitindo as inegáveis vantagens que a internet comporta, e confessando que ele mesmo a usa para as suas pesquisas de astronomia, considera necessário refutar as variegadas e mirabolantes promessas dos "sacerdotes da informática", redimensionando os sonhos utópicos com a terra das "maravilhas informáticas".

E que justamente um dos criadores da internet sentisse a necessidade de manifestar sérias reservas é muito importante, tendo em vista que esse instrumento e os outros a ele conexos foram praticamente transformados em verdadeiros ídolos, com todas as consequências que isso acarreta.

Stoll escreve:

> *Penso que a mim cabe o papel de injetar – e não estou dizendo que vá consegui-lo – uma nota de ceticismo nesses sonhos de uma utópica, digital terra das maravilhas. É fácil falar de velocidades de processamento, de memórias RAM e de novidades tecnológicas. Mais difícil é administrar as frustrações que essas coisas acabam provocando, os seus custos (diretos e indiretos) e seus efeitos colaterais. Esses aspectos negativos podem se fazer sentir com maior impacto do que os super proclamados como benéficos na publicidade. O que é que se perde quando se adota uma nova tecnologia? Quem acaba marginalizado? Quais os aspectos preciosos da realidade que correm o risco de serem pisoteados?*

4. Uma página memorável de Clifford Stoll

Stoll, no entanto, faz ainda algumas ressalvas bem mais incisivas: em uma página deveras memorável, ele esboça um quadro cuja verdade se impõe de maneira incontestável:

Parece-me que sempre vivemos na Era da Informática, mas só há pouco tempo é que apareceram tecnocratas, quando arrogantemente se autoproclamaram os sacerdotes de uma nova ordem. Pela internet passam toneladas de informações, mas com certeza ninguém consegue tirar de tudo isso um pingo de poder – informação não é poder. Em sua comunidade, quem é que dispõe de maior informação? Os bibliotecários que, como todo o mundo sabe, não desfrutam de poder algum. E quem é que detém o maior poder? Os políticos, é claro, e ninguém ignora que eles em geral são mal informados – informação não equivale tampouco a dinheiro. Nunca encontrei um mendigo pedindo informações. Nem vi alguma vez um empresário atribuir a uma insuficiente produção de informação os magros lucros da própria empresa [...]. Há muitas coisas que não andam bem em nossas escolas: falta de disciplina, pouco interesse pelo estudo, telhados com goteiras, currículos de estudos inspirados por conveniências políticas. Mas a falta de informação não é um problema tão premente. Os políticos que promovem a conexão eletrônica das escolas acreditam realmente que o acesso à internet fará desabrochar novos amores à matemática, física, história, amor aos fatos do mundo? – A equação informação igual a poder é uma corruptela da afirmação de Francis Bacon, de 1597, "saber é poder". É provável que ele tivesse em mente uma sentença bíblica: "Um homem sábio vale mais que um homem forte, um homem sensato mais que um cheio de vigor" (Provérbios 24,5). – Sabedoria e conhecimento estão ligados ao estudo, à experiência, à maturidade, ao discernimento, visão ampla e introspecção. Todas essas coisas pouco têm a ver com a informação. Nem têm muito o que fazer com o poder.[31]

---

31 *Ibid.*, p. 116ss.

CONTRAÇÃO DO SIGNIFICADO E DO VALOR DA LINGUAGEM E PREEMINÊNCIA DADA AO "VIRTUAL" SOBRE O "REAL", PRODUZIDAS PELOS MEIOS DE COMUNICAÇÃO MULTIMÍDIA, E SUAS CONSEQUÊNCIAS

> *O Senhor Deus plasmou do solo*
> *toda espécie de animais selvagens e todos os pássaros do céu*
> *e os levou ao homem,*
> *para ver que nome lhes daria;*
> *fosse qual fosse o modo como o homem*
> *chamasse cada um deles,*
> *este deveria ser o nome dele.*
> *Assim o homem impôs nomes a todos os animais,*
> *a todos os pássaros do céu e a todos os animais selvagens*
>
> **Gênesis 2,19-20**

> *Não será significativo, no fim das contas, que a ciência não só não "pensa" [...],*
> *mas não fala tampouco uma língua própria?*
>
> **Hans-Georg Gadamer**

1. O ser humano aprenderia mais vendo a realidade produzida pelos computadores do que com a linguagem

O subtítulo do livro de Parisi, *Como o computador mudará o modo de estudar de nossos filhos*, exprime o objetivo que constitui, a nosso ver, precisamente o contrário daquilo que a escola deveria efetuar.

Em primeiro lugar – conforme Parisi –, os estudantes deveriam aprender, não mediante a "palavra", e sim mediante a "visualização da realidade" nos computadores, com todas as mudanças estruturais que isso comporta.

Vamos ler três passagens particularmente significativas:

> A escola sempre reconheceu e traduziu nos fatos o primado absoluto da linguagem verbal; o processo didático acontece pela mediação da linguagem verbal (a oral das aulas ministradas pelos professores, e a escrita do livro), ao passo que ao ver e ao agir, ao interagir com as coisas, está reservada uma parte absolutamente marginal. Além disso, a cultura transmitida pela escola se acha centrada na ideia do primado absoluto da linguagem verbal. Deve então a escola acertar as contas com o computador também nesta frente: deve se defrontar com uma nova tecnologia que, pela primeira vez, põe em discussão o primado da linguagem verbal em favor da visualidade.[32]

> Na escola se aprende, sobretudo, mediante a linguagem, ao passo que a aprendizagem por meio somente da linguagem corre o risco de vir a ser uma aprendizagem mecânica e superficial que não envolve de modo profundo a mente dos jovens. A aprendizagem deveria, pelo contrário, passar pela experiência direta, pelo ver, pelo observar e o fazer.[33]

Enfim, em uma passagem em parte já lida, na "Introdução", e que aqui completamos, diz ainda Parisi:

---

32 PARISI, D. *Scuol@.it*, *cit.*, p. 20.
33 *Ibid.*, p. 229.

O computador talvez seja hoje a única alavanca que temos na mão, caso queiramos mudar a escola, alavanca muito poderosa, por sorte. Os problemas da escola têm um lado doloroso, pelo menos hoje. O computador [...] implica automação, ou seja, transferência de funções dos seres humanos – o corpo docente – para as máquinas. Se hoje é premente investir na educação, deve-se investir, antes de mais nada, na tecnologia. E eis a razão, razão que deveria guiar todo investimento: investir na tecnologia promete melhores retornos do que investir em qualquer outro aspecto da escola. E eis aqui o aspecto doloroso. Seja qual for o investimento feito na escola que passe pelos professores, e em geral pelo "mundo escolar", corre o risco de não produzir muita mudança real ou, pelo menos, mudanças das quais temos necessidade.[34]

2. Necessidade do resgate da linguagem e da escrita

A meu ver, a escola deveria fazer justamente o contrário.

A escola deveria fazer com que os jovens viessem a compreender o valor e a "sacralidade" da palavra, a sacralidade de que fala a Bíblia, naquela passagem que pusemos em epígrafe. Com a "palavra", sob os mais diversos aspectos, pode-se conhecer a realidade.

A escola não pode nem deve transformar o ser humano em *homo videns*, comprometendo gravemente a sua inteligência.

Deve auxiliar os jovens a resgatar o uso preciso da linguagem, e o respeito à palavra, quer falada ou escrita, e o consequente correto comportamento.

---

34 *Ibid.*, p. 234.

Gianfranco Ravasi, em um artigo, diz precisamente isso no processo de comunicação, que ocorreu de fato um verdadeiro "salto de gerações". Então escreve:

> Já desde o início, com efeito, me dou conta de que o ouvido deles (isto é, dos jovens) é diferente do meu: fui até ao ponto de me expor a escutar um CD de Amy Winehouse, para comprová-lo de forma imediata. E, no entanto, nesses textos tão dilacerados musical e tematicamente, vem à tona uma busca de sentido comum a todos. A língua deles é diferente da minha, e não só porque usam dez por cento do meu vocabulário. Nossos jovens são nativos digitais, e a comunicação deles adotou a simplificação do twitter, a pictografia dos signos gráficos do telefone celular. Em vez do diálogo feito de contatos diretos visuais, sonoros, olfativos e assim por diante, eles preferem o frio "bate-papo" virtual por meio da telinha. A lógica informática binária do save (salvar) ou delete (deletar) regula também a moral dessa geração, que é sem meios termos: a emoção imediata domina à vontade, a impressão determina a regra, o individualismo pragmático é condicionado somente por eventuais modas de massa (basta pensar na tatuagem, na balada noturna, nas gangues, nos games extremos, na estética do "desleixo", do trash e da arte dos grafiteiros [...].[35]

Trata-se de "estragos" provocados justamente pelo uso dos meios de comunicação multimídia, que Parisi tanto exalta.

Mas, para compreender a fundo a questão, devemos chegar aos seus fundamentos.

---

35 RAVASI, G. Giovani Nascosti sotto la Visiera. *L'Espresso*, 20 dez. 2012, p. 23.

A contração da linguagem, que é fruto das novas tecnologias da comunicação, implica um empobrecimento progressivo da extraordinária potencialidade e riqueza que a língua tem demonstrado possuir mediante a cultura escrita e, portanto, a perda de um enorme patrimônio espiritual. Gadamer levantava o seguinte problema em forma de pergunta, incluindo na própria pergunta a resposta:

> *Não será significativo, no fim das contas, que a ciência não só não "pensa" – no sentido enfático da palavra, que Heidegger tem em mente no seu adágio tão mal compreendido –, mas nem tampouco fala uma língua própria.*[36]

Com efeito, a linguagem científica se reduz, em última análise, a um conjunto de símbolos abstratos de fórmulas e sinais de valor predominantemente instrumental e, por conseguinte, totalmente privados daquela densidade espiritual que é própria da tradicional linguagem humana. E isso vale, de modo particular, por causa da substituição da linguagem pelas imagens, imposta pelos instrumentos da informática, uma linguagem que *contrai o modo de pensar nos jovens*; que, em certo sentido, *deforma-o*, torna-o substancialmente menos comunicativo e menos cognoscitivo.

O mesmo Gadamer ainda precisa:

> *Já se vem falando, há décadas, da* atomic age, *na ocasião em que ganhou as manchetes a liberação da energia encerrada nos átomos e, em particular, a ameaça da guerra atômica. Nesse entrementes*

---

36 GADAMER, H.-G. La Responsabilità del Pensare. Saggi di Ermeneutica. *In*: DOTTORI, R.; REALE, G. (Orgs.). *Il pensiero antico*. Milão: Vita e Pensiero, 2002, p. 19.

47

se começa a falar de uma computer age, *na convicção não sem fundamento de que todo o estilo de vida e as relações entre os seres humanos iriam mudar radicalmente. Quando um toque de botão permite aproximar-se do vizinho,* isso afunda em um distanciamento inalcançável.[37]

3. A paradoxal importância que se dá ao "virtual"

O outro eixo determinante do livro de Parisi consiste na enorme importância que atribui à dimensão do "virtual", considerada de eficiência extraordinária, quer do ponto de vista cognoscitivo quer do ponto de vista social.

O computador pode produzir a realidade simulando-a virtualmente e, por via de consequência, pode permitir aos jovens um contato com a realidade e um conhecimento dela de modo bem mais eficaz do que mediante a palavra.

Escreve Parisi:

> *O mundo inteiro que se mostra diante de nós, e no qual nos achamos e atuamos, quando usamos o computador é "realidade virtual", quer dizer, é uma realidade que não é a física, mas que nos parece real enquanto responde de modos previsíveis às nossas ações. A realidade virtual, em sentido estrito, assemelha-se à realidade física em sentido estrito. A realidade virtual, em sentido amplo, por outro lado, pode vir a ser simbólica, abstrata, e, no entanto, conservar as características de interatividade da realidade real. Isso se vê quando observamos uma pessoa com certa experiência que trabalha no computador. Essa pessoa se move como se estivesse em uma outra realidade e faz*

---

37 *Ibid.*, pp. 39-40.

coisas que se fazem na realidade. Busca, encontra, cria e deleta coisas, entra e sai de ambientes, realiza tarefas complicadas, resolve problemas, exige sequências de ações, sempre controlando para que o computador responda de modo previsto (se isso não ocorre, pergunta-se o porquê e quase sempre se encontra o modo de resolver o problema). Tudo isso acontece todas as vezes que se interage com um computador, mas vai ser para nós mais envolvente e irá deixar em nós traços, se interagirmos com um software *de "realidade virtual" em sentido estrito, com uma simulação, com um* videogame *ou navegando na* web.[38]

4. O excessivo uso do "virtual" faz perder o sentido do "real"

Se é verdade que nas pesquisas científicas a produção do virtual com os computadores pode ajudar a resolver problemas, isso deixa de ser verdadeiro quando está em questão a vida social e moral.

Muitos, com razão, destacaram como os jovens, divertindo-se com jogos virtuais nos computadores, quando conseguem ultrapassar certos limites, perdem em parte o contato com o real.

Além disso, podemos pessoalmente constatar que nos transportes coletivos, em que muitas vezes embarcamos, quase nenhum passageiro conversa com os outros passageiros. A maioria mergulha, de fato, no uso de diversos meios de comunicação multimídia, e se isola dos outros quase totalmente.

Observadores sociais, atentos, puderam destacar o fato de que os conhecimentos interpessoais, que acontecem via

---

38 PARISI, D. *Scuol@.it*, *cit.*, pp. 60-61.

internet, terminam rapidamente quando os encontros do tipo "virtual" se tornam "reais".

Tudo isso desmente, de maneira irrefutável, aquilo que Parisi afirma, isto é, que "o computador é escola de vida".

E aquilo que vamos dizer nas páginas a seguir confirma *ad abundantiam* (amplamente) aquilo que estamos dizendo.

O computador, na realidade, apresenta apenas simulações de vida, que implicam o risco de afastar em vez de aproximar o ser humano da vida real.

E a escola, ao introduzir os computadores no processo didático, deve levar em conta esse fato em sumo grau. E não esquecer aquilo que Gadamer afirma na passagem supracitada: "Quando um toque do botão torna acessível o vizinho, *este se afunda em uma distância inatingível*".

A simulação da *presença virtual* de tudo quanto é coisa vai acabar coincidindo com a *ausência real* dessas coisas.

Eis o que dizia Heidegger: "Tudo se confunde no uniforme sem distinção. De que jeito? Este compactar-se no sem distinção não seria, talvez, ainda mais inquietante do que um fragmentar-se de tudo?".[39]

---

39 HEIDEGGER, M. *Conferenze di Brema e di Friburgo*. Milão: Adelphi, 2002, p. 20.

JUÍZOS CRÍTICOS INCONTESTÁVEIS SOBRE OS NOVOS MEIOS DE COMUNICAÇÃO MULTIMÍDIA

> *Hoje se percebe sempre mais claramente que os desenvolvimentos da ciência, da técnica, da indústria são ambivalentes, sem que se possa estabelecer se prevalecerá o pior ou o melhor.*
>
> **Edgar Morin – Sami Naïr**

> *O processo didático não se pode reduzir a ensinar os jovens a ficar "digitando em um teclado oito horas por dia".*
>
> **Clifford Stoll**

1. A questão dos meios de comunicação multimídia nas escolas

O livro de Clifford Stoll aborda uma questão que hoje, na Itália, está em primeiro plano. Eis o problema: de fato a escola se reforma para melhor e a instrução da juventude se aprimora, bastando, para tanto, introduzir em larga escala os computadores na rede escolar? No subtítulo do seu livro, Stoll[40] apresenta a própria resposta: "Porque os computadores

---

40 É bom recordar que se trata do livro *Confessioni di un Eretico High-tech*, cit.

nas escolas não servem e outras considerações sobre as novas tecnologias". Aqui temos, é claro, uma tomada de posição extremista, de caráter "propositalmente provocador", a "alfabetização informática" com uma força irônica de tipo socrático em modulação moderna.

2. A correta posição que se deve assumir

Logo de início faço questão de esclarecer que, pessoalmente, não só eu gosto dos computadores, mas sustento formalmente a necessidade de introduzir sistematicamente nas escolas a "alfabetização informática".

Sou do parecer, no entanto, que isso não pode nem deve acontecer de forma indiscriminada e, sobretudo, nem causar prejuízo àqueles conteúdos que só com a cultura escrita foram adquiridos e se podem desfrutar de modo adequado.

A cultura do computador e dos meios de comunicação multimídia não pode e não deve tomar o lugar da cultura escrita, mas deve colaborar com esta de modo construtivo.

3. A escola não pode reduzir-se a servir à informática

A escola não pode ser reduzida ao papel de ensinar aos alunos a "digitar em um teclado", como afirma Stoll, e a usar instrumentos multimídia. Caso se faça isso, estaremos criando só mentes vazias, e Stoll afirma, mesmo que seja com o seu jeito irônico intencionalmente provocador, mas na sua verdade de fundo e de modo dificilmente refutável: as novas tecnologias não ampliam, e sim comprimem a inteligência dos jovens.

Eis as palavras de Stoll:

> *Queremos uma nação de estúpidos? Basta centrar na tecnologia o currículo de estudos – ensinar através do videocassete, do computador, dos sistemas multimídia. Basta fixar como alvo o máximo*

> *resultado possível nos testes de verificação padronizados e abolir matérias que não se possam massificar, por exemplo, a música, a arte, a história. Teremos uma nação de estúpidos.*[41]

4. Nenhum computador é capaz de substituir um bom professor ou de melhorar um mau professor

Stoll exprime, além disso, um juízo cuja verdade é esquecida por muita gente: "Um computador não é capaz de substituir um bom professor. Cinquenta minutos de aula não podem ser liofilizados em quinze minutos de lição multimídia".[42]

E suas conclusões são as seguintes: uma boa escola não tem necessidade de computadores; e uma escola medíocre não tira vantagens do uso de computadores.

Eu penso, todavia, que uma boa escola pode tirar algumas vantagens do uso dos computadores, ao passo que uma escola medíocre só poderia tirar desvantagens, na medida em que as relações entre docentes e estudantes se tornariam ainda mais fracas.

Os instrumentos de comunicação multimídia são meios que requerem uma boa gestão da parte dos docentes, com senso crítico e com muita sabedoria.

A escola não deve reduzir os jovens a se tornarem "homens informáticos", a se tornarem semelhantes a "robôs".

5. As grandes dificuldades da mediação entre a cultura escrita e as consequências provocadas pela cultura tecnológica e da informática

Clifford Stoll chega mesmo ao ponto de propor que se proíba a entrada dos computadores e dos instrumentos de

---
41 *Ibid.*, p. 13.
42 *Ibid.*, p. 7.

comunicação multimídia na escola. Mas nesse ponto ele se engana.

É um erro metodológico procurar refutar o integrismo dos "sacerdotes da informática" com uma forma de integrismo de sinal contrário. Isso, com efeito, não permite reconhecer os benefícios que a escola pode e deve auferir desses novos instrumentos, justamente levando em conta os efeitos colaterais negativos e procurando evitá-los.

A motivação expressamente aduzida por Stoll, para justificar a própria posição, é a seguinte:

> *Aos pedagogos apraz afirmar que os computadores não vão substituir os livros-texto, mas servirão de complemento ou de subsídio para eles. Se as coisas estiverem nesse pé, com mais razão ainda cai todo o discurso econômico: será necessário comprar computadores,* softwares *e livros.*[43]

E então ficaremos bem mais longe de se obter aquela economia para as famílias que a introdução da internet nas escolas poderia trazer.

Mas, de fato, aquilo que deixa Stoll preocupado – e que no seu livro ele explica muito bem, tendo em vista conhecer perfeitamente o problema, dado que é um dos fundadores da internet – é o conjunto de danos de caráter antropológico que os novos meios de comunicação multimídia podem produzir, dos quis em parte já falamos, e dos quais continuaremos ainda falando nos próximos capítulos.

A escola deve, certamente, introduzir esses instrumentos, enquanto a vida em nossos dias seria impensável sem eles. Mas deve encontrar a medida certa do uso deles,

---

43 *Ibid.*, p. 40.

ou seja, evitar firmemente que a lógica desses instrumentos implique substituir e destruir a lógica sobre a qual se assenta a cultura escrita.

Precisamente nessa tentativa de "mediação" das duas lógicas é que se acha a maior dificuldade que a escola tem de enfrentar concretamente. Sem cair em abstrações vazias. O cientista Andy Clark que estuda esses problemas afirma, por exemplo, que os seres humanos são "ciborgues", isto é, "organismos cibernéticos", uma síntese de elementos artificiais e organismos, "simbiontes humano-tecnológicos", em outras palavras "sistemas que pensam e raciocinam", cujas mentes pensam com um "cérebro biológico" e um "circuito não biológico" – portanto, mediante a combinação de "tecnologias externas" com as "capacidades cognoscitivas internas".

Os meios de comunicação multimídia seriam, nessas circunstâncias, instrumentos para aperfeiçoar as mentes, que reforçam as capacidades cognitivas, mas que ao mesmo tempo as "transformam".[44] Mas justamente essa "transformação" das mentes, produzida pelos instrumentos de comunicação multimídia, revela a sua periculosidade e acarreta a consequente dificuldade dessa "mediação" entre as duas culturas de que estamos falando e dos respectivos fundamentos.

O "equilíbrio" entre a estrutura natural da nossa mente e os efeitos que esses instrumentos produzem é sempre fácil de almejar e proclamar, mas bastante difícil de se alcançar.

Em uma passagem, por nós já apresentada como epígrafe na Introdução, e que aqui vai ser relida enquanto atinge o problema de fundo, Howard Rheingold afirma:

---

[44] CLARK, A. Natural-Born Cyborgs. In: BENYON, M.; NEHANIY, C.; DAUTENHAHN, K. *Cognitive Technology Instruments of Mind.* Berlin: Springer-Verlag, 2001, p. 17.

Coevolução me parece a palavra-chave. Se Heidegger, Ellul e Weizenbaum descrevem os aspectos obscuros da tecnologia como extensão da parte brutalmente mecânica e mais ávida da natureza humana, talvez Clark ponha em evidência um modo complementar de observar essas mesmas características. Talvez o compromisso entre perigo e oportunidade, que se fez necessário por causa da nossa natureza de fabricantes de instrumentos, não seja um jogo de soma zero, mas um ato de equilíbrio.[45]

Na verdade, precisamente o problema do "equilíbrio" é o mais complexo, na medida em que a técnica, além dos efeitos colaterais negativos, a que já nos referimos e aos quais ainda teremos o ensejo de voltar, produz uma nova forma de barbárie, além daquela do passado a que alude Rheingold, como Edgar Morin justamente destaca:

A maior ameaça, que paira sobre o planeta nos dias de hoje, depende da aliança entre duas barbáries: uma, proveniente da profundidade das eras históricas, ocasiona guerras, massacres, deportações, fanatismos e reproduz, através de sociedades diferentes, hierarquias, dominações, sistemas de exploração dos seres humanos, entre os quais se acham os próprios do capitalismo; a outra ameaça, proveniente da nossa civilização tecnoindustrial-burocrática, impõe a sua lógica mecanicista, fria, anônima, ignora os indivíduos, a carne deles, seus sentimentos e suas almas, e põe a serviço do poder as armas de destruição e os instrumentos de manipulação.[46]

---

45 RHEINGOLD, H. *Smart Mobs, cit.*, p. 330.
46 MORIN, E.; NAÏR, S. *Una Politica di Civiltà, cit.*, p. 17.

Portanto, a principal tarefa da escola do século XXI deveria ser justamente essa: a superação das barbáries produzidas pela técnica, procurando alcançar "a humanização da própria técnica", como diz Morin.[47] Essa é uma tarefa muito mais difícil de levar a cabo, através da lei, pelas escolas de computadores, proclamando as vantagens tão exaltadas pelos "sacerdotes da informática", e declarar guerra ao material impresso, considerando-o uma espécie já extinta.

Dizia Karl Kraus: "A evolução da técnica chegou ao ponto de produzir a incapacidade de se defender contra a técnica".[48] Mas indicava também o caminho de saída, com a sua afiada ironia em sentido socrático, mediante uma linda metáfora: "Eis o caminho de saída: se os seres humanos sacrificaram vida e ideais para inventar o veículo, pegue o veículo para fugir dos cadáveres e chegar um pouco mais perto dos ideais".[49]

---

47 Ibid., p. 123.
48 KRAUS, K. Detti e Contradetti, edição a cargo de R. Calasso. Milão: Adelphi, 1992, p. 345.
49 Ibid., p. 243.

VII

EFEITOS COLATERAIS NEGATIVOS PRODUZIDOS PELAS NOVAS TECNOLOGIAS E PELA REVOLUÇÃO INFORMÁTICA

> *É fácil falar de velocidade dos computadores, de memórias RAM, de novidades tecnológicas. Mais difícil é administrar as frustrações que essas coisas geram, os seus custos (diretos e indiretos) e os seus efeitos colaterais.*
>
> **Clifford Stoll**

1. A revolução informática contrai o modo de pensar e de falar

As transformações que estão hoje acontecendo, em consequência da revolução informática em andamento, são de grande alcance e deveras impressionantes. Vamos recordar, em síntese, alguns destaques feitos em capítulos anteriores, integrando-os com uma série de novos, no intuito de esboçar um quadro completo.

1) Estamos passando de um certo jeito de pensar para um outro modo completamente diferente, pois o "ver" em ampla medida está assumindo o lugar do "refletir". Confira aquilo que dissemos no Capítulo V e as críticas que fizemos ali às teses de Parisi.

2) Por via de consequência estamos passando de uma riqueza e de uma variedade de expressões, mediante o uso da palavra, para uma forma de linguagem extremamente empobrecida, quer na terminologia quer na sintaxe, com a perda do uso do conjuntivo e do condicional. Confira aquilo que dissemos no Capítulo V, parágrafo 2.

2. Os novos meios tecnológicos informáticos contraem no "virtual" o modo de ver as coisas, deformando-lhes a realidade

3) Estamos passando de um jeito de olhar as coisas de modo direto para um outro, indireto, em função de uma nova ótica.

Os instrumentos tecnológicos informáticos não só não nos aproximam das coisas, mas, sim, afastam-nas de nós, na medida em que eliminam a experiência direta e habituam os jovens a considerarem a realidade não na sua dimensão ontológica, mas em dimensão "virtual", com as consequências que estão à vista, como explicados no Capítulo V.

Raffaele Simone, no Posfácio ao livro de Stoll, com toda a razão precisa:

> *A meu ver, as tecnologias cognitivas informatizadas são uma drástica forma de desrealização, um caminho para substituir o "verdadeiro" pelo "não verdadeiro", o "real" pelo "não real" (= o virtual), para* simular *coisas que não se podem ou não se querem* fazer. *O nosso fazer será que vai se reduzir a ficar sentado, digitando em um teclado e ficar olhando para a telinha de um monitor? Penso, horrorizado, nessa eventualidade, mas a vejo ameaçadoramente marchando em nossa direção.*[50]

---

50 SIMONE, R. *in* STOLL, C. *Confessioni di un Eretico High-tech, cit.*, p. 180.

4) Perde-se o verdadeiro interesse pela coisa, privando-a da sua verdadeira densidade ontológica, e se deseja correr, e passar sempre a outra coisa.

5) No fim das contas, fica-se submetido a uma sobrecarga de informações verdadeiramente esmagadora. Stoll escreve: "Estima-se que todo dia recebemos duas mil mensagens".[51]

Essas informações, em tamanha sobrecarga, perdem valor e acabam provocando um "cansaço informativo", além de uma atitude psicológica de desinteresse pelas coisas, pelo excesso recebido e, por via de consequência, afastam-nos da realidade.

3. Os novos meios de comunicação condicionam negativamente as relações interpessoais e o autoconhecimento

6) Além disso, esses instrumentos constituem um obstáculo para a interação humana, ou seja, dificultam a intercomunicação pessoal, que só pode fundamentar-se em uma experiência direta. Ao invés de promover uma comunhão entre pessoas, afastam os indivíduos uns dos outros, criando uma espécie de "isolamento" e, desse modo, um certo "individualismo", um autismo tecnológico-informático. Muito significativo a esse propósito é o fato de que o encontro midiático e virtual de pessoas se quebra ao tornar-se real. Veja-se o que ficou esclarecido no Capítulo V.

Bastante eloquente é a regra, introduzida por algumas empresas norte-americanas, segundo a qual pelo menos um dia por semana a comunicação entre os empregados não deve ser feita com instrumentos multimídia. O que se

---

51 *Ibid.*, p. 151.

pretende, assim, é não eliminar completamente a relação entre pessoa e pessoa.

Impõe-se a verdade da conclusão apresentada por Stoll: "A tecnologia não só promove o afastamento dos indivíduos do próprio círculo de maior intimidade social, mas confunde também os limites entre o trabalho e o lazer".[52]

7) Usando sem critério esses instrumentos, o ser humano muda igualmente a relação consigo mesmo.

Com efeito, o "autoconhecimento" e a "reflexão" vão se tornando cada vez mais problemáticos, na medida em que se vão tornando sempre mais difíceis a "concentração", a "introspecção" e o "autoexame".

4. Os meios de comunicação multimídia contraem as capacidades da mente humana

8) Destaque-se, também, que a comunicação mediante instrumentos informáticos não só não desenvolve, mas contrai, de modo geral, as capacidades de "análise" e de "síntese" que exigem concentração.[53]

9) Compromete a memória, ao delegar aos instrumentos tecnológicos parte da sua função. Além disso, põe em crise o senso crítico e a capacidade de avaliação.

10) Limita de forma notável e molda a capacidade criativa e a originalidade dos jovens.

Acontece que muitos estão trocando um trabalho construtivo e inventivo pela simples busca de fontes na internet. Desse modo, limitam-se a reproduzir os dados ali contidos mediante o "recorta e cola".

---

52 *Ibid.*, p. 167.
53 CARR, N. *Internet ci Rende Stupidi?*, *cit.*, pp. 15-25.

Algumas teses acadêmicas foram descobertas pelos professores como sendo simples cópias, em parte, e algumas vezes até na quase totalidade, de material da internet. Mas os estudantes o faziam na convicção de que estavam realizando um trabalho lícito. E isso está acontecendo também pela falta de normas que prevejam, para esses casos precisos, consequências jurídicas, como, aliás, já foi estabelecido nos Estados Unidos.

Certa vez me apresentaram três temas idênticos que concorriam a um prêmio na Europa. Mas os jovens, convocados para se explicarem, ficaram atônitos com a reprovação que receberam por terem copiado o texto da internet. Estavam convencidos de não terem copiado, e sim de terem realizado um trabalho criativo de pesquisa.

5. Os novos meios tecnológicos de comunicação rebaixam o verdadeiro sentido do ensinar e do aprender

Na realidade, não existem atalhos para se adquirir uma instrução de qualidade. O que se faz necessário é esforço e, como o recorda Stoll, impõe-se a verdade de uma antiga sentença: "De pouca valia é aquilo que se obtém sem esforço".[54]

Por conseguinte, transformar o processo de aprendizagem no uso dos computadores "é degradar as duas coisas mais importantes que os seres humanos podem fazer: ensinar e aprender".[55]

Aquilo que forma o ser humano e o torna deveras humano é justamente a "sabedoria".

Mas a sociedade, nos dias de hoje, absurdamente tende a considerar os simples dados de informação oferecidos

---

54 STOLL, C. *Confessioni di un Eretico High-tech*, cit., p. 25.
55 *Ibid.*, p. 26.

pelos instrumentos de comunicação multimídia superiores à experiência, à maturidade e, portanto, acima da "sabedoria".

Stoll mais uma vez acerta perfeitamente no alvo quando afirma:

> *Competências sociais, força de caráter, confiança, determinação, perseverança – eis coisas, todas elas, que você não pode baixar num site da web. Pelo contrário, para essas coisas é necessário algo que é justamente o oposto: cada hora gasta com o cérebro disperso pelo espaço cibernético significa sessenta minutos a menos dedicados ao aprimoramento daquelas habilidades de que o nosso mundo tem tamanha necessidade.*[56]

---

56 *Ibid.*, p. 118.

VIII

NAS REFORMAS DA ESCOLA, DEVEM SER TOMADAS COM CAUTELA AS SUGESTÕES DOS PEDAGOGOS, DOS PSICÓLOGOS E DOS SOCIÓLOGOS

> *A ânsia pedagógica tem sido o conselheiro das piores tolices da história e dos seus mais horrendos crimes.*
>
> *O psicólogo mora nos subúrbios da alma, tal como o sociólogo na periferia da sociedade.*
>
> **Nicolás Gómez Dávila**

1. **Por que as ideias dos pedagogos deverão ser tomadas de modo crítico e com cautela pelos ministros responsáveis pela educação pública**

Nas reformas da escola, a meu ver, devem ser tomadas com muita cautela as teses dos pedagogos, dos psicólogos e dos sociólogos que, de modo geral, não têm experiência didática direta, e abordam os problemas em perspectiva abstrata.

Algumas ideias sugeridas pelos pedagogos, e impostas em reformas anteriores, produziram efeitos colaterais negativos, que levaram a escola a níveis bastante baixos.

Aqueles que propõem reformas para a escola deveriam pensar sempre não nos estudantes como se imagina que sejam ou como se almejaria que fossem, mas levar em conta como realmente são, com todas as consequências que esse fato implica.

Deveriam, além disso, pensar em muito mais do que naquelas novidades que propõem, nos efeitos que podem produzir, se forem de fato levadas adiante.

2. Os danos causados à escola por algumas das reformas anteriores, inspiradas por pedagogos

Nicolás Gómez Dávila, em um de seus pungentes aforismos (intencionalmente provocador, mas com boa dose de verdade), diz: "A ânsia pedagógica foi o conselheiro das piores tolices da história e dos seus mais horrendos crimes".[57]

Recordo apenas alguns desses crimes.

1) Foi proibido aos alunos que aprendessem de cor (poesias e outras coisas), para incentivar melhor a espontaneidade deles e, desse modo, foram retirados da aprendizagem *topoi* de referência bastante úteis sob os mais diversos aspectos.

2) Foram abolidas a análise lógica e a aprendizagem das regras de gramática e de sintaxe de modo sistemático. E por via de consequência, hoje não apenas os alunos do ensino médio não sabem mais escrever, mas até alguns profissionais com diploma do ensino superior cometem erros de ortografia e de sintaxe.

Marco Lodoli, um professor que ama a escola e a conhece bem, atesta em um artigo:

> *Os estudantes italianos não sabem mais escrever. Ao longo de muitos anos de magistério, depois de ter lido e corrigido milhares de redações, posso*

---

[57] DÁVILA, N.G. *In Margine a un Testo Implicito*, edição a cargo de F. Volpi. Milão: Adelphi, 2001, p. 54.

afirmar com triste segurança que são pouquíssimos os jovens capazes de desenvolver um raciocínio escrito [...]. O que falta compreender é de onde é que nasce esse extravio linguístico, como é que um jovem italiano de seus dezoito anos sente tamanha dificuldade para se exprimir na sua língua materna. Lê-se pouco, certamente. Os livros são considerados uma coisa mortalmente aborrecida e mesmo os jornais são vistos como formas de outra época, achados históricos que misteriosamente continuam aparecendo todos os dias. Mas talvez a confusão tenha origem ainda mais profunda, nas modalidades do pensamento. Escreve-se mal porque não se tem mais confiança e segurança no ato do pensar, porque se pularam os nexos lógicos, a capacidade de ligar uma reflexão à outra, um episódio a uma consideração, um antes a um depois.[58]

Quanto a mim, já me sucedeu receber na Universidade uma tese quase toda inteira sem pontuação. Já o estudante, por seu turno, me declarou que a pontuação não era nada mais que um enfeite inútil introduzido pelos mestres da retórica, e que sua tese era absolutamente clara mesmo sem a pontuação que eu estava lhe cobrando. Quando demonstrei a ele que uma boa parte daquilo que fora escrito, daquele jeito, podia se entender em sentidos opostos, o estudante me retrucou o seguinte: se eu não sei escrever de modo adequado, isso é culpa das escolas que frequentei anteriormente. Portanto, é dever da Universidade ensinar-me a escrever.

Recordo, finalmente, que alguns dirigentes de empresas têm de aprender o modo correto pelo qual irão comunicar por escrito as próprias mensagens.

---

58 LODOLI, M. L'ita(g)liano a Scuola Sempre più Sconosciuto. *La Repubblica*, 15 mar. 2012.

3) Foi proibido de modo totalmente acrítico que se aprendessem noções com a indiscriminada acusação de "nocionismo", fomentando desse modo ignorância.

Houve aluno, durante as minhas aulas na Universidade, que me confessou desconhecer quais eram os poemas de Homero aos quais eu estava me referindo. Outros me disseram não saber o que eram a tragédia e os poetas trágicos, dos quais nunca tinham sequer ouvido falar.

E na década de 1970 um aluno matriculado no curso de Filosofia chegou até a me confessar que jamais havia ouvido falar de Platão. Disse-me um colega que um aluno ignorava quem era Cristo, achando que fosse um escritor contemporâneo de assuntos religiosos. E eu poderia continuar mencionando muitos outros exemplos.

4) Com o passar do tempo se foi concedendo uma liberdade cada vez maior aos estudantes, até o limite da indisciplina. Com isso, os alunos se tornaram muitas vezes impossíveis de se controlar.

Já Platão, em *A República*, tinha explicado perfeitamente em que sentido a liberdade sem regras se torna desordem e provoca prejuízos incalculáveis.

3. Danos que as escolas podem sofrer, causados por ideias de psicólogos, sociólogos e economistas

Inclusive ideias inspiradas por psicólogos, sociólogos e economistas têm pesado e continuam pesando negativamente sobre a escola.

Ainda Gómez Dávila em um dos seus aforismos, pungente como o que o precedeu, escreve: "O psicólogo mora nos subúrbios da alma, assim como o sociólogo na periferia da sociedade".[59]

---

[59] DÁVILA, N.G. *In Margine a un Testo Implicito*, cit., p. 17.

Apresento a esse respeito uns poucos exemplos particularmente significativos.

Fiquei sabendo, pelos jornais, a notícia que na França alguns recomendaram que se abolissem todas as tarefas escolares e os deveres de casa para os alunos. Pelo que se pensa, a escola deveria oferecer tudo diretamente, sem sobrecarregar a família, com as tarefas (particulares e gerais) de vários gêneros que comportam os trabalhos dos jovens em casa, e que produzem efeitos danosos psicológica e sociologicamente.

Desse modo se esconde, com argumentos falaciosos, o princípio, na verdade inquestionável, de que o estudo exige disciplina e aplicação, como diz Stoll: "Exige senso de responsabilidade: é necessário fazer os deveres de casa. Não há nenhum atalho para um ensino de qualidade".[60]

Entre nós, existem os que afirmam que a abolição dos livros e cadernos iria implicar uma economia para as famílias e, portanto, uma vantagem de caráter econômico e social.

Mas com a abolição de livros e cadernos se bloqueia o caminho de acesso (a única via adequada) a uma cultura de 2.500 anos. As duas coisas (economia de dinheiro e a abolição dessa cultura) são grandezas na verdade incomensuráveis.

Sem contar, ainda por cima, que a pretensa economia de recursos é pura ilusão.

Mas vamos ver o que diz Stoll a esse respeito, tomando por base dados de fato irrefragáveis:

> *O sonho dos administradores: deixar de gastar com livros, que terão de ser depois substituídos, mas usar o orçamento para computadores* laptop, *dar um computador para cada aluno e fazer periodicamente uma atualização do material em cada*

---

60 STOLL, C. *Confessioni di un Eretico High-tech, cit.*, p. 18.

máquina. Jack Christie calcula que essa atualização poderia vir a custar um dólar por computador. No entanto, as escolas que adotaram os computadores estão vendo que o custo deles é muito superior ao dos livros de texto. Em Kent, Connecticut, o orçamento para os computadores é o quádruplo do que se gasta para os livros. Mas como? Antes de mais nada, um computador portátil não dura mais que uns seis anos – uma carteira escolar não dura isso, agora imagine um aparelho tão delicado – e as administrações escolares se acham obrigadas a substituí-los com muito mais frequência do que os livros. Mais ainda, os computadores portáteis exigem manutenção muito mais custosa. Manutenção ordinária: teclados ilegíveis devido ao gasto, carregadores de bateria e cabos que se perdem; instalação de novos **softwares***; manutenção extraordinária, mas infelizmente muito familiar para muitos usuários; perda de dados no disco rígido, quebra do* display, *Coca-Cola no leitor de CD-ROM; e as baterias: só a substituição custa mais de vinte dólares por ano. As necessidades técnicas dos computadores criam um novo bando de burocratas: técnicos, coordenadores, especialistas em informática. Toda essa gente à qual não interessa ensinar, e sim consertar computadores, tornar mais brilhante a imagem* high-tech *da escola e promover tecnopedagogia.*[61]

---

61 Ibid., p. 39.

A INFORMÁTICA NÃO DEVE SER IMPOSTA DE MODO INDISCRIMINADO, POR LEI, SEM SALVAR A CULTURA ESCRITA

> *A eletrônica, a informática,*
> *a telemática, a internet...*
> *todas elas são coisas maravilhosas,*
> *perfeitamente funcionais [...].*
> *É pena que possam comunicar,*
> *dizer tudo em todo o mundo,*
> *mas sem terem nada a dizer.*
> *São a perfeição do nada.*
>
> **Franco Ferrarotti**

1. Por que a substituição dos livros pelos instrumentos da informática não deve ser imposta por lei

De modo particular, gostaria de dizer que o uso da tecnologia e da informática, de maneira indiscriminada e violenta, é inaceitável que seja imposto por lei.

Thomas Kuhn, um dos mais conspícuos epistemólogos do século XX, explicou muito bem que as revoluções visam a substituir coisas que são contrárias àquilo que está em vigor. Portanto,

> *o seu sucesso exige o abandono parcial de um conjunto de instituições em favor de outras e, nesse*

entrementes, a sociedade cessa completamente de ser governada por instituições.

Kuhn conclui afirmando que, tendo em vista que não existem instituições superiores às que estão em conflito, as partes empenhadas na luta "devem, no fim das contas, recorrer às técnicas da persuasão de massas, que muitas vezes incluem a força".[62]

E é precisamente isso que se deveria evitar, no momento atual: obrigar à força, por via legislativa, a eliminar cadernos e livros.

2. O exemplo de um caso que aconteceu comigo

Recordo que, em uma das reuniões para uma reforma escolar, quando era o ministro Luigi Berlinguer, alguns pedagogos foram de opinião contrária à minha, que estava propondo um reforço do estudo dos clássicos e o resgate dos valores morais para melhorar a escola. E argumentaram, então, desse modo: a escola deve abandonar os clássicos e nem deve falar de valores que não se possam demonstrar cientificamente. Deve, pelo contrário, concentrar-se na difusão no mais alto nível possível dos meios de comunicação multimídia.

Imagine quais seriam os efeitos deletérios que ocorreriam, caso se tornasse obrigatório reduzir a escola à apresentação e ao uso dos meios de comunicação multimídia. A esse propósito, vou lembrar dois dos exemplos mais significativos.

---

62 KUHN, T.S. *La Struttura delle Rivoluzioni Scientifiche*. Turim: Einaudi, 1972, pp. 120-121.

3. Os meios de comunicação informática deveriam ser continuamente renovados com gastos insustentáveis

Dada a velocidade das novas descobertas e das inovações que vão sendo introduzidas no campo da informática, tornar-se-ia obrigatória uma contínua renovação dos instrumentos, de fato uma coisa impraticável.

Umberto Eco (em um livro escrito em diálogo com Jean-Claude Carrière) destaca com justeza:

> *A velocidade com a qual a tecnologia se renova nos força, com efeito, a um ritmo insustentável de reorganização contínua dos nossos hábitos mentais. A cada dois anos, seria necessário trocar os computadores, pois é exatamente assim que essas máquinas são concebidas. São projetadas para se tornarem obsoletas depois de um certo período, quando consertá-las passa a ficar mais caro do que atualizá-las. A cada ano seria necessário mudar de máquina, porque o novo modelo apresenta vantagens em termos de segurança, mais opções eletrônicas etc. E toda nova tecnologia implica aprender a dominar um novo sistema de reflexos, que nos exige novos esforços, e isso dentro de prazos cada vez mais curtos.*[63]

Releia-se, além disso, a passagem de Stoll, citada no final do capítulo precedente, à qual se deve acrescentar também essa:

> *Os computadores portáteis têm uma vida muito mais breve do que os livros de texto. Nas mãos da maior parte dos estudantes, posso tranquilamente*

---

[63] ECO U.; CARRIÈRE, J.-C. *Non Sperate di Liberarvi del Libro*. Milão: Bompiani, 2009, p. 41.

> *apostar que um* laptop *não vai durar mais que uns poucos anos. São máquinas delicadas que não sobrevivem a uma queda na calçada, a um descanso na praia, a um esguicho de lama ou ao balanço de uma montaria. Não se dão bem com o calor dentro de um automóvel estacionado ao sol ou com o gelo de uma nevasca. Os seus leitores de CD-ROM não conseguem digerir batatas fritas e goiabada, suas baterias devem ser substituídas todo ano – e, em todo o caso, se os estudantes não os quebrarem, dentro de uns cinco anos estão obsoletos.*[64]

São coisas, todas elas, em que os responsáveis pelas reformas, ao que parece, não pensam de jeito nenhum. E suas promessas acabam clamorosamente desmentidas pela realidade.

4. Os instrumentos de comunicação multimídia não comunicam novos conteúdos culturais

Mas existe ainda algo mais.

Os meios de comunicação multimídia são capazes de dizer tudo, mas, contrariamente ao que afirmam os "sacerdotes da informática", não criam nada de próprio. Portanto, são vazios de conteúdo.

Continua também sendo verdadeiro, além daquilo que já dissemos acima, o que afirma Franco Ferrarotti, de forma bastante provocadora, mas capaz de revelar uma pontinha de verdade:

> *A eletrônica, a informática, a telemática, a internet, a "realidade virtual" contemporânea, tudo isso é coisa maravilhosa, funcionando perfeitamente*

---

64 STOLL, C. *Confessioni di un Eretico High-tech*, cit., p. 38.

[...]. *É pena que possam comunicar, dizer tudo em todo o mundo, mas sem terem nada a dizer. São a perfeição do nada.*[65]

---

65 FERRAROTTI, F. *La Perfezione del Nulla. Promesse e Problemi della Rivoluzione Digitale*. Roma-Bari: Laterza, 2002, p. 153.

Como salvar a escola

> *Quando um toque na tecla*
> *torna acessível o vizinho,*
> *este se afunda*
> *em uma distância inatingível.*
>
> **Hans-Georg Gadamer**

> *Experimentem exercer um saudável ceticismo*
> *em relação aos computadores,*
> *e logo vocês serão etiquetados*
> *como ludistas ou como trogloditas.*
>
> **Clifford Stoll**

1. **Por que é difícil salvar a escola**

É necessário, a todo o custo, salvar a escola, sem esconder que se trata de uma tarefa extremamente complexa e desafiadora.

Com efeito, a escola não tem sua base tanto nos instrumentos, quantos nos elementos humanos: os professores e os alunos.

Os primeiros são tratados muito mal e recebem salários no limite do absurdo.

Com efeito, um professor recém-formado, que tenha de lecionar em uma grande cidade, se não tiver uma casa própria, vai gastar quase todo o seu salário com o aluguel. Eu mesmo passei por essa experiência nos primeiros anos de minha carreira, quando lecionei no ensino médio.

Naquela época, o ministro (cujo nome não vou citar aqui, porque em outros assuntos teve um bom desempenho, não, porém, naquilo que se referia à escola) declarava que não poderia aumentar o salário dos professores porque a escola "não é produtiva".

No entanto, a escola deveria ser considerada produtiva no máximo grau, tendo em vista que "produz" o recurso primário, aquele que consiste na formação de "seres humanos", que terão a capacidade de produzir "coisas" de modo adequado à formação recebida e em diversos níveis.

Além disso, será necessário resgatar não só o apreço da opinião pública pela profissão e pelo papel do professor, mas também a autoestima do próprio professor, hoje em gravíssima crise.

Será necessário dar muito mais aos professores, bem como lhes cobrar o máximo possível. Aos estudantes será imperioso pedir que aos "direitos" que lhes são concedidos também corresponda um adequado "respeito" aos deveres.

2. Sobre a situação da escola na França

Eu li (e me foi confirmado por conhecidos franceses) que a pior escola, nesse momento, é a da França, em que alunos e professores não mantêm mais relações espirituais efetivas, cada grupo seguindo lógicas diferentes, com nefastas consequências.

Gilles Lipovetsky, professor de Filosofia em Grenoble, em seu livro *A era do vazio*, escreve:

Cresce a indiferença. Em nenhum outro campo o fenômeno é tão visível como no ensino, no qual, em poucos anos, com a velocidade de um raio, o prestígio e a autoridade dos professores desapareceram quase completamente. Agora, o discurso do Mestre perdeu sua aura de sagrado, banalizou-se, está situado em um nível equivalente ao da mídia, e o ensino se tornou uma máquina neutralizada pela apatia escolar, formada por atenção desatenta e por desenvolto ceticismo em face do saber. Grande desconcerto dos Mestres! Esse desapreço pelo saber é muito mais significativo do que o tédio, aliás variável, dos alunos do ensino médio. Por esse motivo, o ensino médio se parece não tanto com uma unidade militar, e sim com um deserto [...] em que os jovens estão vegetando sem muita motivação ou sem interesse. Faz-se necessário, portanto, inovar a qualquer custo: um liberalismo sempre mais amplo, participativo, com pesquisa pedagógica. E aqui está o escândalo, porque quanto mais a escola dá ouvidos aos alunos, tanto mais esses desertam, furtivamente, desse lugar vazio. Assim, as greves de 1968 saíram de cena, a contestação perdeu totalmente o fôlego, o ensino médio é um corpo mumificado, e o professor é um corpo fatigado, incapaz de lhe insuflar vida nova.[66]

3. Sobre a situação da escola na Itália

Considerando agora a Itália, quanto à relação que hoje subsiste entre a juventude e a escola, Raffaele Simone, em seu livro intitulado *A terceira fase: formas de saber que estamos perdendo*, afirma com justeza que talvez nunca tenha

---

[66] LIPOVETSKY, G. *L'era del Vuoto. Saggi sull'Individualismo Contemporaneo*. Milão: Luni Editrice, 1995, p, 43.

ocorrido em toda a história uma época em que a relação entre alunos e escola tenha sido mais dissociada. Então escreve:

> Eu não discuto aqui qual poderia ser a resposta ao incrível canyon *que se cavou debaixo dos seus pés* [...]. *Mas é necessário se dar conta, de forma lúcida, desse fato: a relação se deteriorou ou chegou até a se interromper.*[67]

Com efeito, em ampla medida, os professores perderam uma adequada "autoridade" e o devido "respeito", mas ao mesmo tempo se cobra deles aquilo que não podem dar.

Percebe-se, cá e lá, a tendência de se descarregar sobre os professores tudo aquilo que os estudantes não sabem fazer ou fazem do jeito errado, seja naquilo que se refere à preparação ou ao comportamento.

A má educação de boa parte dos estudantes se espalha por muitas escolas. Em um dos seus artigos, Lodoli escreve:

> *A meu ver, parece que está em curso um genocídio do qual poucos estão se dando conta. E o que é que se está massacrando? Estão sendo massacradas as inteligências dos adolescentes, a riqueza mais preciosa de qualquer sociedade que pretenda atingir o futuro* [...]. *Os mais simples processos intelectivos, uma elementar operação matemática, a compreensão de uma pequena estória, mas até o simples relato de um passeio vespertino que se deu com os amigos ou o enredo de um filme, agora se tornaram tarefas sobre-humanas diante das quais os adolescentes ficam de boca aberta, em silêncio. As qualidades sentimentais permaneceram intactas, meus alunos*

---

67 SIMONE, R. *La Terza Fase. Forme di Sapere che Stiamo Perdendo*. Roma-Bari: Laterza, 2000, p. 138.

> *continuam amando e odiando, travando amizades e se emocionando, sentem indignação, enrubescem, dão risadas e choram, tudo como sempre se fez – no entanto, as capacidades lógicas, mentais, parecem irremediavelmente comprometidas.*[68]

Isso permite que se compreenda bem como é difícil ensinar aos jovens de hoje. Exige um empenho moral e espiritual que nenhum instrumento tecnológico-informático, mesmo o mais poderoso e sofisticado, consegue substituir.

Platão considerava que dedicara o seu maior esforço como homem, não escrevendo nos rolos de papiro os seus diálogos, e sim escrevendo as suas mensagens nas almas dos seres humanos. Por isso ele considerava a Academia, e não os seus escritos, a sua maior obra-prima.

Essa deve ser a tarefa principal da escola.

4. O grave mal que se deve curar na alma dos jovens e dos adultos de hoje

Não se pode também esquecer que as almas dos jovens estão, muitas vezes, enfermas, e não só por culpa própria: muitas vezes já receberam da vida coisas demais, com as consequências que isso comporta.

Já o velho Antístenes afirmava que uma vida no conforto e no luxo deveria ser desejada só para os filhos dos inimigos, tendo em vista as consequências que traz.

E Nicolás Gómez Dávila, em um de seus lapidares aforismos, escreve:

> *Talvez o futuro próximo traga catástrofes inimagináveis. Mas o que certamente ameaça o mundo*

---

[68] LODOLI, M. Il Silenzio dei Miei Studenti che non Sanno più Ragionare. *La Repubblica*, 4 out. 2002.

não é tanto a violência de multidões famintas quanto a saciedade de massas cheias de tédio.[69]

E da alma dos jovens a escola deveria tentar erradicar justamente a saciedade, o tédio e, de modo particular, a "indiferença", que é aquele estado de alma que surgiu após o desconforto metafísico e o sentimento de desespero que, no passado, eram provocados pelo niilismo, como o demonstrou Lipovetsky.

E essa "indiferença", diante do absurdo das coisas, é ainda mais perigosa do que o desconforto e o desespero, porque se aproxima ainda mais do nada.

Mas dessa tarefa não podem, certamente, dar conta nem os computadores nem os meios de comunicação multimídia, mas somente seres humanos que ensinam e gostam de ensinar, e que devem ser educadores, muito mais do que meros instrutores do uso dos computadores.

Ou será que deveremos aceitar que se estabeleça de modo irrevogável, por lei, que os professores no sentido tradicional, o livro, a caneta e o lápis devem ser considerados espécies em extinção, ou mesmo já extintas?

Achamos que convém concluir com uma esplêndida advertência de Stoll:

> *A internet pode ser econômica, veloz e fácil de usar, mas em todo o caso as interações eletrônicas não são tão boas como o contato face a face. Informação, comida, casa, instrução: tudo isso lhe é dado conforme a quantia que você pagou.*[70]

---

69 DÁVILA, N.G. *In Margine a un Testo Implícito*, cit., p. 59.
70 STOLL, C. *Confessioni di un Eretico High-tech*, cit., p. 158.

Conclusões

O único jeito de reduzir e barrar o processo destruidor e devorador de energia é substituir a quantidade pela qualidade, o muito pelo melhor.

Edgar Morin – Sami Naïr

O gênero humano fica dando voltas em torno da própria jaula que é o planeta, pois esqueceu que se pode olhar para o céu.

Eugène Ionesco

E além do conhecimento existe aquilo que andamos buscando: sabedoria. Infelizmente, nossa sociedade considera os simples dados superiores à experiência de vida, à maturidade, à compaixão, à iluminação interior.

Clifford Stoll

1. O ser humano atual está mais do que nunca no fundo da caverna do mito platônico

Gostaria de recordar duas metáforas emblemáticas, para concluir essa nossa discussão.

Um dos mitos filosóficos mais grandiosos de Platão é conhecido como o da "caverna", e se acha no centro de *A República*. Em uma entrevista imaginária com Platão, que preparei para o "Corriere della Sera", no ensejo do lançamento da *Enciclopédia filosófica*, apresentei ao filósofo esta pergunta:

> *O senhor não acha que aqueles prisioneiros, descritos como pessoas que só veem as imagens que vão desfilando no fundo da caverna e ouvem as vozes que ali reverberam como um eco, prefiguram de modo dramático a situação em que se acham os seres humanos da atualidade, que só estão vendo as imagens transmitidas pela TV, pelo computador, pela internet e por toda uma gama de instrumentos de comunicação multimídia, e ainda por cima em perspectiva virtual?* (REALE, G. Interviste Imaginarie, 1. *Corriere della Sera*, 2010)

E então eu punha na boca de Platão esta resposta:

> *Sim, é exatamente assim. Deve-se, porém, dizer que a dimensão do fundo da caverna aumentou imensamente, o caminho para se subir do fundo da caverna para a luz do sol se tornou muito mais apertado e se tornou bem mais íngreme. Além disso, as imagens da antiga caverna eram projeções reais dos objetos físicos (e estes, por seu turno, eram projeções dos entes metafísicos) e tinham, portanto, alguma realidade própria, embora tênue. Em contrapartida, hoje as imagens que os seres humanos estão contemplando são na maioria virtuais, já sem um referente físico e metafísico, não passam de aparências vazias sem nenhuma densidade ontológica e, portanto, são substitutivas do real. Por conseguinte, ajudar os seres humanos*

da atualidade a libertar-se dos grilhões que os mantêm presos na caverna, toda atulhada de instrumentos de comunicação multimídia, se torna cada vez mais difícil. E quem o tenta é acusado de ser um desmancha-prazeres ou até um demente que está delirando e, portanto, corre o risco de acabar mal. (Idem, 2010)

No entanto, quando se tem a convicção de que uma coisa importante é verdadeira, deve ser dita em qualquer circunstância, custe o que custar.[71]

2. O ser humano de hoje se condena a ficar andando para lá e para cá na jaula do planeta

Encarando o problema em uma outra perspectiva, Ionesco, em um *Discurso de abertura do Festival de Salzburg*, desenvolvia pensamentos análogos (como leigo, não como homem de fé), explicando como o ser humano já não sabe mais olhar para além do sensível e se reduziu a ficar dando voltas no vazio, no planeta, como em uma jaula. E dizia: "Os seres humanos estão dando voltas, para cá e para lá, na sua jaula, que é o planeta, porque *esqueceram que se pode olhar para o céu*".[72]

E reduzir o ser humano a ficar dependente dos instrumentos tecnológicos significa encerrá-lo mais do que nunca na jaula do planeta. Vamos, portanto, deixar-lhe aberta a janela através da qual se possa contemplar também o céu. Noutras palavras, vamos deixar-lhe o livro com tudo aquilo que nele se escreveu nos 2500 anos que se passaram.

---

71 Giovanni Reale entrevista Platão, in: *Le Interviste Immaginarie*, 1, Milão: Bompiani, 2010. Edição especial para o *Corriere della Sera*.
72 IONESCO, E. *Il Mondo è Invisibile*. Milão: Spirali, 1989, p. 71.

3. Dos meios de comunicação multimídia só se tira aquilo que neles se insere

Acrescentaria um último pensamento. Os norte-americanos criaram um dito bem significativo a propósito dos meios de comunicação multimídia: se você põe lixo no computador, só vai tirar lixo do computador. Quanto a mim, acrescentaria: e ainda por cima, lixo sobre lixo.

Procuremos, então, salvar os conteúdos da cultura escrita, nos seus pressupostos e nas suas consequências juntamente à nossa tecnologia. Não vamos eliminar a primeira em prol da segunda, nem reduzir a primeira à simples empregada a serviço da segunda.

Esta obra foi composta em CTcP
Capa: Supremo 250g – Miolo: Pólen Soft 80g
Impressão e acabamento
Gráfica e Editora Santuário